本书出版受到以下项目基金的资助：

浙江省哲学社会科学规划后期资助课题，课题编号16HQZZ29

华中师范大学中央高校基本科研业务费项目”丹桂计划”项目资助，项目编号 CCNU17A03019

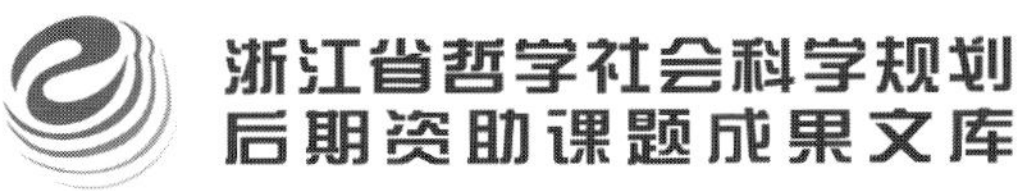

现代汉语反预期标记研究

Xiandai Hanyu Fanyuqi Biaoji Yanjiu

陆方喆　著

中国社会科学出版社

图书在版编目(CIP)数据

现代汉语反预期标记研究 / 陆方喆著. —北京：中国社会科学出版社，2017.5

（浙江省哲学社会科学规划后期资助课题成果文库）

ISBN 978－7－5161－0532－7

Ⅰ.①现… Ⅱ.①陆… Ⅲ.①现代汉语－语义－研究②现代汉语－语法－研究 Ⅳ.①H146

中国版本图书馆CIP数据核字(2017)第120470号

出 版 人 赵剑英
责任编辑 宫京蕾
特约编辑 李晓丽
责任校对 刘 娟
责任印制 李寡寡

出 版 中国社会科学出版社
社 址 北京鼓楼西大街甲158号
邮 编 100720
网 址 http：//www.csspw.cn
发 行 部 010－84083685
门 市 部 010－84029450
经 销 新华书店及其他书店

印刷装订 北京市兴怀印刷厂
版 次 2017年5月第1版
印 次 2017年5月第1次印刷

开 本 710×1000 1/16
印 张 13.5
插 页 2
字 数 229千字
定 价 58.00元

目　　录

第一章

绪　　论

第一节　汉语反预期范畴界说

一　反预期是语法范畴

语言是人类最重要的交际工具，言语交际过程实际上是一个信息传递的过程。一般把语言传递的信息分为已知信息和新信息。新信息是说话人认为听话人不知道的信息；已知信息正好相反，是说话人认为听话人已经知道的信息，这个信息可能是语境中实际存在的或已经在上下文有所提及（Brown & Yule，1983：154）。一般而言，信息传递总是从已知信息到新信息，已知信息往往与话题、定指、预设有关，而新信息则与陈述、不定指、焦点有关（参看屈承熹，2006；袁毓林，2012）。已知信息/新信息是根据交际双方对信息的知晓与否划分的，相关研究成果已有许多。近年来，中外许多学者从预期—反预期的角度重新审视语言传递的信息，并以此研究相关的语言结构和语法现象。吴福祥（2004）认为，从预期的角度，语言所传达的信息可以分为预期信息、中性信息和反预期信息三类。这类划分与传统新/旧信息的不同在于更加凸显了人的主观因素——预期。所谓预期是一种与人的认识、观念相联系的抽象世界，通常与一定的社会常规、言谈事件中说听双方的知识状态以及特定的话语语境密切相关。反预期信息就是与某个特定预期相反的话语信息。具体而言，就是说话人针对语境中谈及的某一事物或事态提出一种与他自己或受话人的预期相反或相背离的断言、信念或观点。（转引自吴福祥，2004；参看 Heine et al.，1991；Traugott & Dasher，2002）

反预期最常见的就是表示意外和转折。事实上，早期对反预期的研究也始于表达转折、意外意义的词和句子。如吕叔湘先生（1982：340）描述转折关系时指出，凡是上下两事不谐和的，即所谓句意背戾的，都属于转折句。所说不谐和或背戾，多半是因为甲事在我们心中引起一种预期，而乙事却轶出这个预期。英语的 in fact、but、nevertheless 等表达转折关系的连词同样也能表达反预期。汉语常见的表达意外的词语有“居然”“不料”等虚词。需要指出的是，反预期并不等同于“意外”或“转折”，反预期的范围更广，还包括“不满”“反驳”，比如：

（1）不要他来，他偏偏来了。

（2）上海并不比杭州好。

例（1）言者的预期是“不要他来”，实际情况是“他来了”，与言者预期相反，表达了言者不满的态度。当人们说例（2）时，总是为了反驳“上海比杭州好”的观点，这种观点或在上下文中出现过，或存在于人们的习惯看法中。我们把语言中关于反预期的信息以及表达反预期信息的语言形式称为反预期范畴，并且认为反预期是一种语法范畴。

语法范畴是指语法意义和表达这种意义的语法形式标志的统一体。[①] 语法意义和语法形式两者缺一不可，否则不能构成语法范畴。其中，语法意义是指语法单位（或结构体）由一定的语法形式表示的内部结构意义和外部功能意义（范晓、胡裕树，1992）。一种语言中是否存在某个语法范畴主要取决于人们对语法形式的认识。语法范畴研究始于印欧语系诸语言，拉丁语、希腊语、俄语等有丰富的词形变化，因而早期的西方语言学理论一般只承认词的形态是语法形式，语法范畴仅限于与词的形态变化（如词缀、内部屈折）有关的语法意义。叶蜚声、徐通锵（1981）就在《语言学纲要》中明确表示：“语法范畴就是由词的变化形式所表示的意义方面的聚合。”经典的、公认的语法范畴有“性、数、格、时、体、态”等。

随着语法研究的深入及对更多语言的考察，人们发现如果只承认词的形态是表达语法意义的形式就会狭隘地得出如汉语这种非形态语言没有语法范畴的错误结论。基于此，许多学者认为，语法形式应当比形态更丰富多样，外延更广。除了词形之外，语序、虚词、语调、词类、分布等也应

① 戚雨村等：《语言学百科词典》，上海辞书出版社 1993 年版，第 462 页。

该视作语法形式（朱德熙，1985；范晓，1988；胡明扬，1992）。由此，语法范畴的范围得到扩大。高名凯（1960）就将语法范畴分为狭义的、准狭义的和广义的三类，狭义的是指只由词形变化所表示的同类语法意义的聚合，只涉及词的内部与词类意义有关的语法意义；准狭义的是指由词的外部形态（如虚词及辅助词等）所表示的语法意义的概括；广义的理解，一是将词类也看作语法范畴，二是将各种句法结构关系的意义类聚以及句法成分（句子成分）等都看作语法范畴。本书所指的语法范畴是广义的范畴。

汉语表达反预期语法意义的形式包括副词、连词等虚词，属于广义的语法形式，反预期语法意义属于这些语法形式表示的外部功能意义，因此可以认为反预期是如同时间范畴、方所范畴、量范畴、空间范畴、比较范畴、致使范畴、工具范畴、情态范畴、选择范畴等一样的语法范畴。邵敬敏、赵春利（2006）曾指出，语义语法范畴首先可以区分为“语义特征范畴”和“语义关系范畴”，前者可以再区分为“词义特征范畴”和“句义特征范畴”。词义特征范畴是从一个词的集合中提取出来，并且对某些句法结构具有制约作用的重要义素，量范畴（数量、动量、时量、模糊量等）、时间范畴、方所范畴、肯定范畴、否定范畴、指称范畴等就属于这一类。句义特征范畴是根据不同句式、句类所提取出来的，跟句子特点密切相关的句子的语义特征，包括语气类型和表达类型。所谓表达类型是根据句子的表达效果划分的，比如处置、被动、意愿、猜测、使成、判断、虚拟、评估等。反预期范畴反映人的情感态度，属于句子的表达效果，因此属于句义特征范畴。

对语法范畴的研究既可以从语法形式入手，寻找所表达的语法意义；也可以从语法意义入手探求语法形式的表现手法。20 世纪 80 年代以来，人们越来越意识到语义（指语法意义）在汉语语法范畴研究中的重要性。胡明扬（1994）最早提出语义语法范畴的概念：一定的语义内容和相应的语法形式，主要是和隐性语法形式相结合而构成的语法范畴。他认为所有的语法范畴说到底都是语义语法范畴，强调语义语法范畴对汉语这样的非形态语言来说具有方法论上的重要意义，要发现新的语法形式，不论是显性语法形式还是隐性语法形式，都必须走从语义到形式的道路。

目前，有关汉语反预期范畴的研究大多从某个特定语法形式出发，论证其具有反预期语法意义，如袁毓林的《反预期、递进关系与语用尺度的类型——“甚至”和“反而”的语义功能比较》、唐敏的《副词“还”的反预期语用功能及反预期的义源追溯》、刘焱的《反预期信息标记“别看”》、孙洪威《反预期标记“别说”》等。这些都是从形式到意义的研究路径，这样的研究较零星，不系统。我们认为，为了使研究进一步深入，很有必要把反预期确立为一种语法范畴，从意义出发，寻找能够表达反预期语法意义的语法形式，分析、比较这些语法形式的性质、特征、功能、范围、类别等问题，以期建立汉语反预期范畴表达系统，并对该系统内的成员进行深入的分析和个案研究。这也是本书写作的缘起和初衷。

二 反预期范畴的语义结构

根据认知语言学理论，人类在认识世界时并不是盲目无序的，而是根据事物间的相似性对其进行概括和分类，使得原本杂乱无章的世界变得井然有序，有章可循。这种分类的心理过程被称为范畴化，范畴化的结果就是形成了许许多多的认知范畴，如“时间”“方所”“数量”“工具”“选择”“致使”等范畴。当认知范畴投射到语言层面后就会形成相应的语言范畴。具体而言，认知范畴先投射到语言的语义层，形成相应的语义结构，语义结构无法自立于语言，最后语义结构再投射到语言的形式层（表层），到此，认知范畴投射语言的过程才算结束，语言范畴也才算真正建立起来了（王天佑，2012）。

反预期范畴建立于人类的反预期认知范畴之上。在现实生活中，由于人类的经验及范畴化能力，对特定的人、事、物多少会有一些预期。比如觉得“女人柔弱男人刚强”“年纪越大，记忆力越差”“夏天下雨冬天下雪”等，也就是人们常说的常情或常理。如果实际情况恰恰与这些预期相反，那么就是反预期。这种情况反复发生，于是就在人们头脑中形成了反预期认知范畴。表反预期的认知范畴投射到语言中的语义层，形成相应的旨在表达反预期的语义结构。汉语反预期范畴的语义结构包括三个要素：①反预期主体；②反预期对象；③反预期方式。

（一）要素之一：反预期主体

反预期主体一般是人，无生命物体没有意识，谈不上所谓预期，除人之外的有生物体，如动物，有没有预期我们无法得知，即使有，它们也无法形成语言范畴。因而我们讨论的反预期主体主要指人，具体而言，指与哪个人的预期相反。从语言交际的角度可将会话的参与者分为说话人和听话人，相应的，反预期主体也可分为说话人和听话人两类。与说话人预期相反的称为反说话人预期，与听话人预期相反的称为反听话人预期。比如：

(3) 甲：听说你喜欢听音乐。
　　乙：我并不喜欢。
(4) 甲：看你这么瘦，力气还挺大！
　　乙：人不可貌相嘛。

例（3）甲对乙的预期是“喜欢听音乐”，乙的回答与甲预期相反，其话语信息内容“不喜欢听音乐”是反听话人预期。例（4）甲看到乙身材瘦弱，形成“力气小”的预期，然而实际情况却是“力气很大”，与说话人预期相反。以上是在对话语境中对反预期主体的分类。在叙述语境中，无所谓听话人和说话人，反预期主体可分为与叙述者一致和不一致两种情况，当主语是第一、第二人称和非人物体时，反预期主体均为叙述者，当主语为第三人称时，反预期主体是句子主语，比如：

(5) 号称永不沉没的泰坦尼克号居然在处女航就沉了。
(6) 班长没评上先进，我这样的普通学生反而评上了。
(7) 你怎么来了？
(8) 希尔顿当即要将它买下，不料在出尔反尔的卖主那里结结实实地碰了一鼻子灰。

例（5）—（8）的句子主语分别是非人物体“泰坦尼克号”、第一人称“我”、第二人称“你”和第三人称“希尔顿”，其中前三句表达的信息与叙述者即言者主语的预期相反，而例（8）则与句子主语预期相反。关于反预期主体的详细探讨可见本书第二章内容。

（二）要素之二：反预期对象

反预期对象是指什么让人反预期，要反预期则必先有预期，如事先并无预期则谈不上反预期。比如甲、乙、丙三人，甲认识学生丙，并知道丙成绩一向很好，而乙对丙不了解，期末考试丙成绩不及格，这个结果就可能反甲的预期，而对乙来说，由于事先没有预期，也就无所谓反预期。由此，我们把反预期的对象分为预期信息和反预期信息两类。欲知反预期信息的性质则必先探讨何为预期，特别是预期的来源和产生机制等问题。Heine et al.（1991）指出，预期与社会常规、言谈事件中说听双方的知识状态以及特定的话语语境密切相关。这其实就说明了预期的来源问题，在本书第二章我们会对此问题作进一步的深入分析，以明确预期信息的性质。反预期信息是与预期相反的信息，本书对“相反”取最广义的理解，相当于“不符”，不符合预期的信息都称为反预期信息。具体而言，包括相反、不及与超过预期这三种情况。对预期、反预期信息的详细分析和探讨请见本书第二章。

（三）要素之三：反预期方式

反预期方式是指主体如何表达反预期情感和态度。一般来说，人类表达反预期情感有语言和非语言两种手段，非语言手段包括表情、动作等方式，比如主体得知反预期信息时表露出惊讶的表情、夸张的动作等。语言手段可进一步区分为语音、词汇、语法三种方式。语音方式主要是指语调等超音段音位，比如获知巴黎遭到恐怖袭击时，可使用升调说出“恐怖袭击?”表达主体的反预期态度。词汇方式主要是包含反预期意义的实词，比如“意外”“惊讶”“诧异”“出乎意料”等。语法方式主要指由副词、连词等虚词表达主体的反预期情感和态度，比如语气副词“居然”“偏偏”，连词“但是”“谁知”“不料”等。其中，除表情、词汇方式外，语音和语法方式均属于反预期范畴的语法形式。本书的主体部分即在于分析汉语反预期方式的语言手段及其特点。

反预期主体、对象及方式构成了反预期范畴的语义结构，三者缺一不可，主体感受到令其反预期的对象，并用一定的方式将主体的反预期态度和情感表达出来，投射到语言的表层就形成了反预期范畴。

三 反预期范畴的语法形式：反预期标记

本书对语法范畴持广义视角，语法形式的范围也相应扩大，包括语序、虚词、重音、语调、词类、分布、句法结构等。本研究的任务就是要寻找汉语表达反预期语法意义对应的语法形式，并对这些语法形式进行分析、比较和分类。自然语言中有哪些手段可以表达反预期语法意义？Heine et al.（1991：193）认为副词是最常见的手段，此外，重音、语序等也可以标示反预期信息。吴福祥（2004）则指出除了副词、连词这样的语法词外，某些结构式等句法手段也可以表达反预期信息。近年来，汉语学界发现了一批具有反预期表达功能的语法形式，但对于这个形式的名称，大家的意见并不统一，有的称为反预期标记，如“别看”（刘焱，2009）、“别说”（孙洪威，2013）；有的称为反预期构式，如“X 不比 Y · Z”（吴福祥，2004）、“早不 VP，晚不 VP”（管志斌，2011）、“哪里是 A，而是 B”（易正中，2013）；更多的承认某结构具有反预期表达功能，但未给它一个名称或另有他称，前者如“也”（张云峰，2008）、“倒”（周红，2006），后者如焦点算子“甚至、反而”（袁毓林，2008）、话语标记“谁知”（胡德明，2011）、“不料”（曹秀玲、辛慧，2012）等。本书把能表达反预期语法意义的语法形式称为反预期标记（Counter - Expectation Marker，CE marker）。之所以用“标记”而不是“结构式”“构式”等名称是基于如下考虑。

1. 尊重该术语的外语源名。术语“反预期标记”源于英文“counter - expectation marker”，最早是 Heine、Claudi 和 Friederike（1991）在《语法化：一个概念性框架》一书中提出的概念。与此类似的概念还有对比标记（contrastive marker）（Fraser，1998；Schiffrin，1987；Blakemore，1987）或反意标记（adversative marker）（Schwenter，1999；Traugott，Dasher，2002），无论哪种外语名称均使用标记（marker）一词，为了体现研究的承续性和翻译的准确性，本书继续沿用这一名称来指称那些具有反预期表达功能的语法形式，可能是词、短语或者结构式等，它们都是反预期标记。

2. 标记的使用范围更广，在语言的各个层面都存在。除了语音和形态（词法），句法（如被动句与主动句等）、语义（反义形容词“长”和“短”等）、语用上（初次见面一方说“你好”，一方保持沉默等）都存在有标记和无标记的对立。（沈家煊，1999：24）如果使用“构式”或“结构式”就无法涵盖语调等语音层面的语法形式。

3. 与反预期表达的无标记形式区分开来。自然语言中，反预期表达既可以通过“竟然”“还”“甚至”“反倒”等这些有标记成分实现，也可以不使用任何标记，而仅通过上下文或语境得以实现，比如，“老王昨天好好的，今天突然病倒了”，该句没有任何反预期标记，但从前后句语义的对比中依然能表达出反预期义。本书不研究此类反预期表达现象，仅专注于有标记的反预期表达。

第二节 反预期标记研究综述

一 西方语言学界反预期标记研究

综观西方语言学界对反预期标记的研究，主要从两个角度切入：语法化角度和话语标记角度，前者以 Heine 和 Traugott 为代表，重在探讨反预期标记形成的语法化过程，并对反预期信息和反预期标记的定义、类别、形式、属性作了一定的说明。后者以 Fraser、Schiffrin 和 Blakemore 等学者为代表，重在考察话语标记的一个子类——对比话语标记体现的反预期表达功能。

第一，语法化理论下的反预期标记研究。

语法化角度的研究对反预期、反预期标记及其形成过程讨论较多，Dahl（2000：27）从言谈事件参与者的预期这个角度，把语言成分传达的信息分为反预期信息（counter to expectation）、中性信息（neutral to expectation）和预期信息（predicted by expectation），他描绘了三个情景具体说明三者的区别：

> a. 假定我站在一个水果摊前，这个水果摊有苹果、梨和橘子。我说“要五个苹果”。显然，这里“五个”和“苹果”各自传递了一种独立的信息，我们无法从“要苹果”推断出“要五个苹果”，反之亦然。
>
> b. 如果那个水果摊只有苹果，“苹果”这个词传递的信息可以从语境推断出来，因而就完全是冗余的。也就是说，既然水果商预期我买苹果，我就没必要把苹果作为独立信息告诉他。
>
> c. 假如在情景 a 中，水果商误解我，给了我五个梨而不是苹果，那么我大概会重复我的要求，并且在“苹果”上加以重音强调：“不，我要的是五个苹果。”这里，“苹果”所传递的信息跟听话人的预期相反。
>
> （Dahl，2000：26—27）

显然，情景 a、b、c 里的“苹果”就分别是中性信息、预期信息和反预期信息。Dahl（2000：27—28）指出，反预期信息和预期信息是中性信息往不同方向的延伸，就信息量而言，反预期信息最大，中性信息次之，预期信息最小。一个表达式的信息值越高，就越有可能获得独立清晰的发音和凸显，从而免于与话语其他部分融合。Dahl 以此解释语法化有时并未发生的原因。

在言谈信息中，反预期是与预期相对而言的。所谓预期是一种与人的认识、观念相联系的抽象世界，通常与一定的社会常规、言谈事件中说听双方的知识状态以及特定的话语语境密切相关。反预期信息就是与某个特定预期相反的话语信息。具体而言，就是说话人针对语境中谈及的某一事物或事态提出一种与他自己或受话人的预期相反或相背离的断言、信念或观点（转引自吴福祥，2004）。

Heine et al.（1991：192）认为，人类语言都有区别符合常规与偏离常规情状的表达手段，偏离常规的就是反预期，一般用某些标记（marker）加以编码（encode），符合常规通常是无标记的。他们在分析英语的“too”和“only”时指出，这两个词表示一个陈述在某种方式上与说话人认为在特定语境中属于常规的情状相偏离，表达了说话人熟悉的或认为受话人熟悉的情状与偏离常规的情况的对比。“too”和“only”这样的词就被称为反预期标记（counter - expectation marker）。他们进而指出反预期标记的两个属性：

(1) 它们的使用隐含了被断言的情形与特定语境里被预设、预期的情形或者被认为是常规的情形之间的一种对比。

(2) 前者与后者相背离，反预期标记的主要功能是将这个断言与所预设或预期的世界以及常规联系起来。

Heine et al.（1991）还列举了英语的若干个常见反预期标记，如 nevertheless、already、not yet、still、no longer，并指出副词是人类语言最常见的反预期标记，此外，重音、语序等也可以标示反预期信息。随后，他们花了很大篇幅说明埃维语（Ewe）的动词 Kp’ɔ（意为看见）如何通过语用推理、语义吸收、重新分析等机制从实词变成具有表反预期义的语法标记。

Traugott 和 Dasher（2002：157）把反预期标记称作反意标记（adversative marker)，他们以 in fact 为例，指出反意标记引入或唤起一种对立的情况，这种情况与另一个说话人或同一个说话人之前说过的内容相反。他们进而给反意标记下定义为：说话人或作者用以标示他们表达的信念或观点与他们自己或对话者对相关特定事件预期相反的特殊标记。

Traugott（1999）& Traugott 和 Dasher（2002）分析了英语 in fact 从副词一步步语法化为话语标记（discourse marker）的过程。他们认为 in fact 的语法化或主观化经历了三个阶段：第一阶段，in fact 仅具有证据意义，表示“在现实中”，位于句中，是谓语副词；第二阶段，随着 fact 意义的演变，in fact 发展出认知情态义，表示认识上的确定，由于常与 but 共现，通过语义吸收具有了对比和逆反（adversative）的意义，即反预期义。句法上位于句首，是句子副词。第三阶段，in fact 进一步虚化为话语标记，位于两个句子之间，不再表反预期义，而是引入前一个句子的理由，或对前句进一步详细阐述（elaboration）。通过对 in fact、actually、indeed 这类词语法化的分析，Traugott（1999：177）总结了副词语义演变的结构化路径：

谓语副词（VAdv）＞句子副词（IPAdv）＞话语标记（DM）

从左至右副词的主观性逐渐增强。反预期与说话人的观点有关，因而属于语言主观性的体现。Traugott 和 Dasher 研究的是话语标记的语法化问题，其实是把反预期标记视作话语标记（discourse marker）的一个子类，因此也具有话语标记的若干特性，如对所在话语的真值条件（truth condition）没有贡献，仅具有程序（procedural）意义，表达说话人或作者对命题的态度。Traugott 和 Dasher 的这一观点颇具启发性，启示本书从话语标记的角度审视反预期标记，至于反预期标记是不是话语标记的一类，还值得商榷，情况并不是非此即彼那么简单。

第二，话语标记理论下的反预期标记研究。

话语标记研究兴起于 20 世纪 80 年代，在过去 30 年里发展迅速，至今已形成一个独立的研究领域。然而由于话语标记本身的复杂性加之研究的角度和侧重点不同，研究者们还没有形成统一的认识，仅“话语标记”这一术语就有几十种不同表述（Fraser，1999；冉永平，2000）。本书不想就话语标记的研究概况深入展开，只提及与反预期标记相关的部分研究成果，这主要包括话语标记的特征、功能、类别及一些具体的话语标记。

首先，话语标记的特征。Zwicky（1985）指出话语标记在语音、句法上具有如下特征：

(1) 经常出现在句子开头以使交谈继续。

(2) 在韵律音质上是独立的，可以通过重音、停顿从上下文语境中分辨出来。

(3) 在句法上是独立的，不与相邻单位构成任何更大的句法单位。

Schiffrin（1987：328）除了提到话语标记的上述语音、句法特征外，还提出一条语义上的特点：必须可以在话语的微观和宏观两个层次及话语的不同层面上操作。这就意味着它要么没有意义或有很模糊的意义，要么具有自返性①。Blakemore（1987）提出两种不同的意义：概念意义和程序意义，对应解释话段时涉及的两个过程：概念解码和程序解码。前者指解码话段的概念信息或表征内容的过程，后者指解码解释程序或提供如何解释的指令过程。程序意义引导听话人对话语理解的方向，在处理话语的命题意义、语义信息时起语用制约作用，使话语理解更确切。Blakemore（1987、2002）认为话语标记没有像 boy 和 hypothesis 这样的词汇性表达式所具有的概念表征意义，它们只有指导人们如何去处理话段概念的程序意义。

Fraser（1999：938，944）指出，不管使用什么术语，话语标记的一个共同特征是，它们可以在所在话语片段（称为 S2）的某个方面和前面话语片段（称为 S1）的某个方面之间建立联系。也就是说，它们像一个联系双方的枢纽，其典型的句法格式为：<S1。话语标记 + S2。>话语标记在意义上有如下几个特点：①它联系两个话段，对其中任何一个话段的命题内容都没有贡献。②话语标记的意义是程序性的而非概念性的。③每一个话语标记都有一个核心意义。

其次，话语标记的功能。尽管对话语标记的理解学者们还存在诸多分歧，但对其功能大家的看法似乎较为一致，即认为话语标记具有多功能

① 说话人在说话时，一直在反过来思考自身说话或组织信息的方式，以便采用合适的方式把信息传至对方或帮助对方理解自己的话语。这种在认知层面上思考自身语言使用方式的自我意识或元语用意识就叫作自返性。

性。这些功能可归纳为三个层面：语篇功能、人际功能和互动功能。

语篇功能表现为：①话轮转换；②标记和组织话语（Östman，1981）；③在会话的交换结构、行为结构、概念结构、参与框架和信息状态五个层面推进话语连贯（Schiffrin，1987）；④表示相邻句子或话语与前后语篇之间的连接关系（Lenk，1998）；⑤语篇组构手段，标记话语单位的开始、结束，或者它们之间的转换（Jucker & Ziv，1998）。

人际功能表现为：标记说话人的情感、态度、示意语力（Rouchota，1998；Östman，1981；Jucker & Ziv，1998；Andersen，2001）。

互动功能表现为：是说话人—听话人意图和关系的标记（Jucker&Ziv，1998）；规定语境特征与语境效果，引导听话人理解话语。使用话语标记的目的是使听话者付出最小的认知努力而获得最佳的语境关联（Blakemore，1987）。

最后，话语标记的类别。与前面一样，话语标记的分类也有多种，从分类的依据来看，大致有三种标准：形式标准、意义标准和功能标准。

就形式标准而言，Watts（1989）根据话语标记常见的出现位置分为左话语标记（位于语调单位之前）和右话语标记（位于语调单位之后）。

也有学者从意义角度分类。Rouchota（1998）把话语标记分为编码概念意义和编码程序意义的标记。前者主要是一些表示交际者态度、情感或施为用意的标记，如 frankly、I suppose、luckily 等；后者主要是揭示话语内部联系的标记，如 moreover、and、yet 等。Quirk et al.（1985）根据语义关系分为七类：列举（listing）、总结（summative）、同位（appositional）、推断（inferential）、转折（transitional）、对比（contrastive）和结果（resultive）。

更多的学者从功能角度分类，分出的类别也不尽相同，最少分为两种，多的可达十几种。Schiffrin（1985）和 Redeker（1991）均把话语标记分为两类，前者分为引发性的（如 now、you know 等）和应答性的（如 well、okay 等）；后者分为概念标记，即标记概念结构，如 and、meanwhile、now 等连接词和时间副词，以及语用标记，标记语用结构，如 oh、alright、well 等。

Erman（2001）持三分观，受韩礼德关于语言的三个元功能划分——概念功能、人际功能和语篇功能的启发，他认为话语标记的功能主要体现在语篇性、交际性和元语言性三方面。相应地，话语标记也可分为语篇标记、交际标记和元语言标记。Blakemore（2002）也持三分观，但她以关联理论为基础，从认知—语用角度出发，根据话语标记所激活的认知效果与原有语境的关系分为三大类：①加强原有语境假设的话语标记，如 after all、moreover 等；②否定原有语境假设的话语标记，如 but、however 等；③能够产生语境隐含的话语标记，如 so、too 等。

Fraser（1999）把话语标记分为四类：①对比标记（contrastive markers），如：though、but、contrary to、however、in contrast 等。②阐发标记（collateral markers），如：and、for another thing、furthermore、in addition 等。③推导标记（inferential markers），如：as a consequence、so、then、therefore、because of 等。④主题变化标记（topic change markers），如：by the way、speaking of、just to update you 等。

对话语标记的分类可以从形式、意义、功能等不同角度出发，目前看来，功能角度的分类最多，这也正体现了话语标记作为一个语用类（pragmatic class）的特点。

以上研究虽不与反预期标记直接相关，但对思考反预期标记的特征、功能、分类等问题有较强的借鉴意义，同时也为比较话语标记和反预期标记的异同提供了基础。在文献阅读过程中也发现了一些具有反预期表达功能的话语标记，如 but、however、on the contrary 等一批被称为对比标记（contrastive marker）的表达式。其中，讨论最多，最具典型性同时也最复杂的就是 but。

Blakemore（1989）认为依据语境的不同 but 有不同的意义。在有些语境中，它被理解为"对预期的否定"（denial of expectation），在另一些语境中，仅具有对比（contrastive）的意义。But 的预期否定功能相当于本书所说的反预期功能，具体表现在如下的句子中：

John is a Republican, but he's honest.（约翰是共和党员，但是他很诚实。）

Blakemore（1989）分析指出，but 在上句中的使用表明听者从第一个子句产生"约翰不诚实"的预期，又通过 but 引入的命题"他很诚实"否定这一预期。换句话说，but 表明它所引入的命题是对由前一个子句产生的预期的否定。

Fraser（1998）认为 but 的核心意义只有一个，就是对比。当说话者想要强调前后两个子句 S1 和 S2 之间的对比时就会使用 but 连接。他区分了两种不同的对比：直接对比和间接对比，间接对比包括对比第一个子句的预设（presupposed）、蕴含（implied）和衍推信息（entailed message）三类。比如：

对比 S1 的预设信息

A：All of the boys had left.（预设：至少有三个男孩）

B：But there were only two to start with.

对比 S1 的蕴含信息

John is a politician.（蕴含：政治家不诚实）But he is honest.

对比 S1 的衍推信息

A：Here is a triangle.（衍推：三角形有三条边）

B：But this has four sides.（Fraser，1998：312）

本书认为，上例 S1 的预设、蕴含和衍推信息就是通过语用推理形成的预期，这三类对比其实就是预期与实际情况的对比，体现了 but 的反预期表达功能。

二 汉语语言学界反预期标记研究

汉语反预期标记研究大致可分为两个阶段，以吴福祥（2004）为分界。吴文以前的研究注意到了与反预期相关的语言现象，但未形成理论体系，也没有使用反预期标记这个概念。研究者们所用的术语不尽相同，但他们大多是从语义和语法角度分析某些副词与连词的“反预期”语法意义，属于句法、语义角度的研究。吴文之后，研究者基本在吴福祥介绍的反预期标记理论框架下探讨汉语结构的反预期表达功能及其主观性和主观化机制，属于认知语用角度的研究。

第一阶段（1942—2004），句法语义角度的研究

反预期及反预期标记虽是新兴的概念，但前人也早已注意到了这种语言现象。吕叔湘先生（1982：340）在《中国文法要略》一书中谈到转折关系时指出，凡是上下两事不谐和的，即所谓句意背戾的，都属于转折句。所说不谐和或背戾，多半是因为甲事在我们心中引起一种预期，而乙事却轶出这个预期，因此由甲事到乙事不是一贯的，其间有一转折。他举了一个《大学》里的例子：

心不在焉，视而不见，听而不闻，食而不知其味。

吕叔湘认为，视则有所见，听则有所闻，这是合乎一般的预期的。因而“视而不见、听而不闻”显然轶出预期，从而在心理上产生一种转折。他指出，文言最常用的转折关系词是“而”“然”“然而”等，白话常用的有“但是、可是、却、倒、反、偏”等（吕叔湘，1982：340—345）。吕叔湘先生敏锐地捕捉到了转折关系背后的心理动因，并指出预期的一个主要来源“合乎一般的”（即常理常情或共同知识）。可惜他未能沿着这个思路深入分析下去，也没有建立有关预期的理论体系，但他的观点无疑是极富洞见的。

邢福义（1985）继承和发展了吕叔湘先生的观点，他把“轶出预期”称为“异态”。所谓“异态”是指从某一条件出发，倚变的结果不符合正常情况。符合正常情况的则是“常态”，能不能加转折词与倚变的“常态”和“异态”有关。郭志良（1999）也认为转折关系语段能否成立，最重要的是看前后两个语段的语义关系是否属于“异态”。事物间的关系合乎常规或常理，就是“常态”；不合乎常规或常理，就是“异态”。只有前后两个语段的语义关系属于异态，才能成为转折关系语段。那么，合乎常规或常理究竟是客观标准还是主观标准？邢福义（1991）认为关键在于说话人的主观看法。换句话说，既是客观标准，也是主观标准，但归根到底还是主观标准，因为即使是客观标准，也要说话人主观上认定。邢福义的转折关系范围很广，包括转折句（如“但是、可是、然而、不过”等）、让步句（如“纵使、哪怕、无论、不管、宁肯、即使”等）和假转句（如“否则、不然”等）。邢福义先生的贡献在于指出了反预期的“主观性”，并且扩大了研究范围。

廖秋忠从逻辑关系的角度将连接成分分为顺接、逆接和转接。逆接成分中的转折连接、意外连接和实情连接与反预期概念较近。转折连接相当于吕叔湘的转折句，意外连接指从上文所提供的情况或计划来看，下文所发生的事件太出乎意料，或出于常理之外，典型的有“岂知、岂料、谁知、哪里知道”等。实情连接成分则用于表示它前面所说的话似是而非或以偏概全，而后面说的才是真情或全部的情况，常见的有“其实、事实上、实际上、老实说、说实话”等（廖秋忠，1992：80—81）。

马真（1983、2001）、陆俭明和马真（1999）较早注意到副词反预期表达功能。马真在《说“反而”》一文中提出现代汉语里用到“反而”时总有如下的语义背景：

> A. 甲现象或情况出现或发生了；
>
> B. 按说［常情］/原想［预料］甲现象或情况的出现会引起乙现象或情况的出现或发生；
>
> C. 事实上乙现象或情况没有出现或发生；
>
> D. 倒是出现或发生了与乙相背的丙现象或情况。（马真，1983）

上述A、B、C、D指的是四层意思，“反而”就用在说明D意的语句里。马真又在之后的文章里把“反而”的语法意义概括为“表示的是实际出现的情况或现象跟所预料的或按常情在某种前提下应出现的情况或现象相反”（陆俭明、马真，1999：152）。马真（2001）在分析“并”时也指出，“并”的语法意义可概括为：加强否定语气，强调说明事实不是对方所说的、或一般人所想的、或自己原先所认为的那样。马真虽然没有明确说明“反而”和“并”是反预期标记，但从她的概括中可以看出与Heine et al. 对反预期的定义十分接近，也包括与说话人、受话人或社会常规预期（分别对应于马文的“自己”“对方”和“一般人”所想）相反。

语气副词是另一类常受到学者们关注的反预期表达形式，不过研究者们的分类和每类代表成员并不相同，多有交叉、重叠以及相异部分。王力（1985：177—180）把语气副词表达的语气分为诧异、不满、轻说、顿挫、重说、辩驳、慷慨、反诘八类。其中，诧异语气“竟”表示某事出于意料之外，不满语气“偏”表示和说话人或对话人的意思相反，或和感情相反。尽管王力没使用“反预期”这个术语，但“出乎意料”“与意思、感情相反”也可视作“反预期”的同义表达。实际上，在“反预期”概念出现之前，汉语语法研究中最常见的是以“诧异”“惊讶”“意外”这类词来表述“反预期”意义，毕竟这是人们接收到反预期信息时最自然的反应。如贺阳（1992）认为诧异语气表示说话人对句中命题所述之事感到出乎意料，典型代表是语气副词“竟”“竟然”“居然”等。温锁林称为惊异口气，并进一步细分为意外、逆反与惊奇三种口气。他认为这三种口气表达的是说话人突遇同心理预期相反的客观事实，表露出来的出乎意料或略感惊讶的情态。如“竟然、竟至、居然”（意外口气）；“倒、反倒、反而、倒是”（逆反口气）；“偏偏、偏”（惊奇口气）（温锁林，2001：187—188）。齐春红（2006）沿用邢福义关于“常态”和“异态”的概念，提出异态类语气副词，表示说话者认为所述命题不合常态。她归纳的表异态的语气副词有：竟然、居然、竟、才、就、又、还、并、都、可、偏、偏偏、偏生、倒、倒是、反倒、反、反而、硬、甚至。

转折关系和语气副词是早期句法语义角度下汉语反预期表达的两个主要研究对象，尽管没有系统的理论支撑，但研究者们基于敏锐的语言直觉准确地描写了这两类结构的语义特点，有的已经十分接近现有的反预期理论（如马真），为后人指明了可能的研究对象和范围。

第二阶段（2004 年至今），认知、语用角度的研究

在国内的反预期标记研究中，吴福祥的《试说“X 不比 Y · Z”的语用功能》（2004）是一篇重要的文章。吴文全面介绍了 Heine、Traugott 等人关于预期信息、反预期信息、中性信息以及反预期标记的观点，并进一步明确把反预期信息分为三类：（A）与说话人的预期相反；（B）与受话人的预期相反；（C）与包括说听双方在内的特定言语社会共享的预期相反。如：

（A）现在他忽然觉得自己原来什么都不是，哪也不比别人强。（与说话人预期相反）

（B）索泓一乱了阵脚，他几次翕动着嘴唇，想告诉她自己的命运并不比她好。（与受话人预期相反）

（C）老人们身体大都不错，虽长着母亲一辈，看上去却不比母亲老相。（与社会共享预期相反） （吴福祥，2004）

吴福祥在他的分类基础上，证明“X 不比 Y · Z”是一种反预期结构式，其语用功能是表达一种反预期信息。同时，他指出反预期是说话人视点的表征，因而是语言主观性的表现，“X 不比 Y · Z”也是专门明确用来表达主观性的结构式。

吴文对反预期信息的分类成为后来类似研究证明某结构式是否为反预期标记的标准，其有关主观性的论述也启发研究者开展反预期标记的主观化研究。吴福祥之后，研究者开始注意汉语语法结构的反预期表达功能，并从主观化角度说明这一功能的来源。与第一阶段重在归纳结构式的反预

期语法意义不同，吴福祥之后的第二阶段研究更多的是从认知和语用角度切入，发现了一批反预期标记，从结构形式看，有词汇、结构式、句式等。

袁毓林（2008）在比较“甚至”和“反而”语用功能的异同时指出二者都表示一种反预期的递进关系。区别在于“甚至”的反预期表现在焦点代表的元素出乎意料地进入了焦点域（成为相关的可能性标尺上的最低点）；而“反而”的反预期表现在按照常理应该实现的 P 却没有实现，倒是出乎意料地实现了与之相反的 R（即焦点代表的元素）。

许多学者注意到副词“还”的反预期表达功能。唐敏（2009）总结了“还”出现的六类具有反预期语用功能的句法环境：用于转折复句中、用于“比”字句、用在褒义形容词前表主观评价、用在“X 还 VP 呢，别提/不用说/何况 Y”和“还 VP/NP 呢”句式中。作为一种语气词，“持续义”的“还”不负载句子重音。谢白羽（2011）认为“还”的作用是将预期所对应的一种常态的、典型的或理想的情状和事实对应的一种非常态的、非典型的或非理想的情状联系起来。

刘焱（2009）认为连词“别看”是现代汉语的一个反预期标记，其核心意义表示实际认知与预期认知相反。金智妍（2011）指出句末语气词“啊”的核心意义是说话人的反预期意义。“啊”表达的反预期是指它所依附的那句话所表达的命题出乎说话人意料。

有部分学者把反预期标记看作话语标记的一个子类。曹秀玲、辛慧（2012）把否定副词（“没/不/未”）+动词［“料/想/知（道）”］、反诘副词（“岂”）+动词（“料/知”）和疑问代词［“谁/哪（里）”］+动词［“料/想/知（道）”］构成的 40 余个词汇称为超预期话语标记，以此为例讨论了话语标记的多源性和非排他性。

胡德明（2011）也认为“谁知”是话语标记，其典型使用格式为：“以为 A，/。谁知 B。”A 表示预期信息，B 表示实情与预期相反，出乎意料。他同时指出“谁知”标识的反预期信息除了包括吴福祥提出的三种类型外，还有另外两种类型：与事主的预期相反、与特定的人预期相反。胡德明的观察十分细致，的确存在与说话人和受话人都不同的第三类人，但事主和特定的人有时不好区分，不如合并为“言谈之外的第三人”。宗守云（2011）就指出反预期实际上只有两种，一是和个人预期相反（包括说话人、受话人和言谈之外的第三人，统称个人），二是和社会预期相反。

齐沪扬、胡建锋（2010）把“不是……吗”也看作话语标记，探讨了该反问句表示疑问的条件：句子中的命题一般是预期信息，说话时出现了新信息，而且新信息是反预期信息，说话人希望了解为什么或怎么会出现这个反预期信息时就会使用该结构。

其他被认为具有反预期表达功能的还有“并”（尹洪波，2011）、“也”（张云峰，2008；陈鸿瑶，2010）、“倒”（周红，2006）、“反倒、反、竟然、居然、偏偏、其实”（孙楠，2012；陈振宇、邱明波，2010）、“别说”（孙洪威，2013）等。

反预期标记的形成与语法化和主观化密切相关。武果（2009）详细分析了“还”的语法化历程，认为“还”的反预期义由情状持续义衍生而来，是说话人在期待某事态不再持续时用“还”表示持续的语用推理。他进而指出，“还”的反预期义的产生和发展的过程就是不断主观化的过程。刘焱（2009）讨论了“别看”反预期用法的连词化机制，他认为由单一否定祈使句到复句是“别看”连词化的句法基础，由“观察义”到“认识义”是“别看”连词化的语义基础，“别看”语法化的机制是重新分析，演变的原因在于主观化的增强。胡德明（2011）说明了“谁知”的语义演化过程：没有人知道→谁曾料想到、谁也没想到→不曾料到→不料，并指出其演变条件为：以陈述性小句做宾语到表述的感叹化、陈述化再到指称的虚无化。

三 现有研究存在的问题

从西方语言学界的研究来看，反预期标记研究是在论及语法化和话语标记时附带提到的问题，始终处于依附和从属地位。在 Heine et al. 和 Traugott 等人的研究中尽管把反预期标记作为一类加以研究，但因聚焦于语法化的过程而忽视了反预期标记的语用本质，没有揭示其反预期表达的特点。而话语标记的外延太广，可供研究的对象太多，研究者们亦无力顾及所有具有反预期表达功能的话语标记，研究较集中在 but、however、nevertheless 等少数几个话语标记上。

汉语语言学界研究存在的问题可归纳为三类：

一是对预期和反预期的性质探讨不足。什么是预期？什么是反预期？这是反预期标记研究的基础概念，很多概念和定义建立在这两个概念之上，应该加以深入细致的探讨。然而在目前的研究中，大家基本沿用的是吴福祥（2004）的观点，简单介绍了定义之后便没有继续展开。对以下问题，如预期/反预期的来源、形成机制，与预设—焦点、新旧信息之间的关系，或语焉不详或根本未加以讨论，导致反预期标记的分析受限，不利于研究进一步深入。

二是以形式到意义的研究居多，缺少意义到形式的研究。反预期作为一种语义、语法范畴，有一定的语义内容和相应的语法形式，现有研究多从形式出发，论证该形式具有反预期语义内容，这往往导致学者们只研究单个反预期标记，不关注与其他反预期标记的联系和区别，造成研究对象的零星化和片面化，看不到反预期作为一个语义、语法范畴的总体特点，导致大家对反预期标记的性质、特征、功能、范围、类别等问题的认识还很模糊，不少论著对这些问题根本不作任何说明，似乎它们已经不再是问题了，因而容易出现张冠李戴的现象，即把本不属于反预期标记的语法形式也划归到反预期标记名下。

三是分析模式单一，视角局限。这个问题与前两个问题密切相关，是前两个问题的结果。在反预期标记的研究文章中，主要有两种分析模式。一种以某词语为研究对象，首先描写该词语的反预期表达功能，主要分析其表达的三种反预期信息类型：与说话人预期相反，与听话人预期相反，与特定社会共享预期相反；然后比较近义词的异同，进一步说明该词具有反预期表达特点，如吴福祥（2004）、宗守云（2011）、易正中（2013）等。另一种模式先对某反预期标记进行共时分析，也从说话人、听话人、社会共享预期三方面描写其反预期表达功能；然后从历时角度分析该标记的语法化过程，说明其形成机制，如武果（2009）、唐敏（2009）、尹洪波（2011）、胡德明（2011）等。在对反预期表达功能的描写上似乎仅仅局限于反预期信息类型而对其他问题着墨较少，比如反预期义的形成机制、所在句子的信息结构、反预期标记在话语理解中的作用等。

第三节 本书研究内容与方法

一 研究内容

本书研究内容与上文提到的三个问题一一对应，希望能在前人基础上深化汉语反预期标记研究，主要包括三方面的内容：

（一）深入探讨预期/反预期信息的性质，说明其形成机制以及在信息结构中的地位。弄清楚预期与反预期概念是我们深入了解反预期标记的基础和前提。可惜以往研究对这两个概念的探讨不够充分。现有研究认为预期是一种与人的认识、观念相联系的抽象世界，通常与一定的社会常规、言谈事件中说听双方的知识状态以及特定的话语语境密切相关。而对反预期的定义则是与某个特定预期相反的话语信息。就是说话人针对语境中谈及的某一事物或事态提出一种与他自己或受话人的预期相反或相背离的断言、信念或观点（吴福祥，2004）。这两个定义尽管十分精辟，遗憾的是研究者没有进一步展开，有些问题仍不清楚，比如所谓的知识状态包括什么？特定话语语境对预期的形成有什么联系？信息的反预期义又是如何形成的？因此本书首先要对预期/反预期信息作一番细致的讨论，包括厘清预期的来源，说明反预期信息的形成机制，考察这两类信息在信息结构中的地位，与已知信息—新信息的关系等。

（二）把反预期视作一种语法范畴，从意义出发寻找相应的语法形式，将这些形式（即反预期标记）归为一类，探讨其性质、特征、分类及功能。通过收集目前汉语中已被认为具有反预期表达功能的语法形式，获得一定的样本数量后，归纳这些形式在语音、语义、句法等语言描写各个层面上的特征，得出反预期标记的性质特征，尝试提出反预期标记的分类方案。并进一步讨论反预期标记在信息提示、语用制约以及促进语篇连贯等三个方面的功能。通过上述内容的探讨本书希望能够回答反预期标记是什么，有哪些特征，可以分为几类，在话语交际中的功能是什么等问题，为反预期标记研究搭建一个理论框架。

（三）由面到点，分别论述不同反预期标记的性质与功能。根据内容（二）提出的分类方案，每类反预期标记单列一章，先论述该类反预期标记的总体特征和表现形式，从而说明分类的必要性和可行性。然后重点考察每类反预期标记中的一个成员。那么如何选择需要重点考察的成员呢？本书主要依据两个原则：（1）很容易就能判断为反预期标记的不选，比如语气类的“居然”“竟然”，否定类的“不料”“没想到”，转折类的“其实”“实际上”等。（2）该成员前人有一定研究，但未从反预期标记角度加以分析或分析得还不够深入。比如同为语气类的“并”“还”和“偏偏”，前两者已经有多位学者论证过其反预期表达功能（马真，2001；唐敏，2009），而关于“偏偏”虽有一定研究（太田辰夫，2003；范伟，2009），但还未有学者明确论证其为反预期标记，因此我们选择“偏偏”而不是前两者作为个案研究。根据以上两个原则，本书重点研究的四个反预期标记为“偏偏”“怎么”“哪知道”和“但是”。分析时，主要在内容（二）的理论框架下展开，除了反预期表达功能外，不同标记分析的侧重点会有所不同，有的主要论述反预期标记的主观性及其信息提示、语用制约和语篇连贯功能，如第四章的“偏偏”和第五章的“怎么”；有的则聚焦反预期标记的词汇化和语法化过程，说明其形成和演变机制，如第六章的“哪知道”和第七章的“但是”。通过该部分内容的探讨，希望能够从面到点地对反预期标记及其所属类别有更加深入的了解。

二　研究方法

本书内容（一）和（二）的研究将主要使用归纳法和定性研究的方法，通过文献资料的收集阅读对预期/反预期信息和反预期标记进行定性分析，在资料分析时主要采用归纳法，自下而上地分析材料，建立理论假设，以获得反预期标记整体性质和功能。内容（三）的写作将主要使用演绎法和定性定量相结合的研究方法，通过对每类具体反预期标记的定性定量分析，自上而下地运用前文建立的理论和假设。本书主要采取共时研究视角，在讨论某些反预期标记时兼及历时演变过程，在研究过程中坚持形式与意义相结合、描写和解释相结合，主要运用的理论包括关联理论、主观性理论等。

第四节　本书理论基础

一　关联理论

关联理论是由法国学者 Sperber 和英国学者 Wilson 共同提出的一种认知语用学学说，是对格莱斯会话含义理论的修正和发展。其主要思想见于 Sperber 和 Wilson 的著作《关联：交际与认知》（*Relevance*：*Communication and Cognition*）。

正如书名所示，关联理论主要从人类认知角度提出关于语言交际的理论框架。不同于传统的代码模式①，Sperber 和 Wilson 认为言语理解不单是对语言信号的解码，还涉及语境、推理等其他因素，据此他们把交际视为一种明示—推理模式（ostensive - inferential）。就说话人而言，交际是一个明示行为（ostensive behavior），即通过语言结构使自己的交际意图对听话人显明；而对听话人而言，话语理解又是一个推理过程，即从说话人通过明示手段提供的线索中推断出说话人的交际意图。话语理解始于确定字面意义的语言解码过程，但接下来通过消歧、指称指派、语义充实等步骤得到的显义（explicature）和由显义结合认知语境得到的隐含义（implicature）都必须依靠语用推理得出。

那么明示—推理交际模式背后的运作方式是什么呢？Sperber 和 Wilson 认为是“关联”，并提出两条关联原则加以说明：

（1）人的认知倾向于追求最大关联。

（2）每个明示的交际行为都假设自己具有最佳关联。

（Sperber，Wilson，2008：352）

第一条被称为关联的认知原则，第二条是关联的交际原则。Sperber 和 Wilson（2008：169）认为“关联”是一个程度问题，取决于语境效果和认知努力两个因素，具体而言，其他因素相同的情况下，处理输入的新信息获得的认知效果越大，那么这个新信息就越有关联；同样地，其他因素相同的情况下，处理新信息付出的认知努力越大，则该信息越不关联。因此在话语交际中，无论是说话人还是听话人都希望以最小的认知努力获得最大的认知效果。然而，要获得最大的认知效果往往意味着要付出更多的认知努力，因此人们通常并不追求最大关联，而是最佳关联，即在理解语句或任何其他明示刺激信号时一旦得到了符合个人关联期盼的第一个解释就停止，从而在认知努力和认知效果之间取得一个最佳均衡点。一般场合下谈到的关联原则主要指的是最佳关联原则。关于这个原则，Sperber 和 Wilson 在《关联：交际与认知》第二版中给出了修正后的定义：

---

① 代码模式认为在语言交际中，说话人通过话语对信息编码，听话人在话语理解时依靠同一套代码对信息解码。成功的交际就是一个信息复制过程，编码信息等同于解码信息。

最佳关联假设（修订稿）：

（a）相关明示刺激信号具有足够关联，值得听话人付出认知努力去加工。

（b）相关明示刺激信号是与说话人的能力和偏好相匹配的最为关联的信号。

（Sperber，Wilson，2008：365）

该定义从说话人和听话人的角度分别阐述了最佳关联的内涵，从听话人角度说，听话人有理由期望获得足够程度的关联足以支持他对有关信号付出关注和加工。就说话人而言，该明示刺激信号也是在他能力和偏好范围内所能达成的最高阶段的关联度。

在话语理解中，除推理外，语境也具有十分重要的作用。传统意义上的语境包括语言语境和非语言语境，而关联理论视语境为一个心理结构体（psychological construct），是一系列存在于人们大脑中的假设（assumption），因而是一种认知语境，其假设被称为认知语境假设。Sperber 和 Wilson（2008）认为，对话语理解起重要作用的是由听话者的一系列假设所构成的认知语境，因为听话者需要用已有的语境假设来处理说话者话语带来的新假设，并从新旧假设的关系中得到语境效果。语境效果的获得是达成关联的必要条件，也就是说话语带来的新信息如果不能在具体语境中取得任何语境效果，那么它在该语境就无关联。认知语境不是事先确定的，而是在交际过程中不断选择的结果，是一个变量，关联性则是制约交际的基本因素，是常量。言语交际过程则是交际双方认知语境假设的参与过程，成功的交际就是双方不断根据话语所取得的语境效果去改变、调整或选择认知语境假设的过程，以实现双方认知语境假设或信息的趋同，只有这样才能取得说话人所传递的话语信息与听话人理解结果之间的最大相似性（何自然，2006）。

关联理论是一种认知理论，其目标正如创建者 Sperber 和 Wilson 所说，是“确认植根于人类心理中的，能够解释人们彼此如何交际的一种内在机制”（转引自张亚非，1992）。“反预期”是人的一种心理状态，以关联理论为指导能较好地揭示反预期标记在话语交际过程中的作用。

二 主观性理论

主观性理论主要指语言的主观性特征，即“在话语中多多少少总是含有说话人‘自我’的表现成分。也就是说，说话人在说出一段话的同时表明自己对这段话的立场、态度和感情，从而在话语中留下自我的印记”（参看 Lyons，1977，转引自沈家煊，2001）。较早注意到语言主观性的是法国语言学家 Benveniste（1971），他指出，“语言的主观性是说话人说话时把自己视为主体的一种能力，是人的自我意识的一种表象”（冯光武译，2006）。“语言带有的主观性印记是如此之深刻，以至于人们可以发问，语言如果不是这样构造的话究竟还能不能名副其实地叫作语言。”（沈家煊译，2001）

随着功能语言学、认知语言学、语用学的兴起，研究者们越来越重视语言的主观性研究，认为话语中任何语言成分都是说话人根据交际语境和目的加以选择的结果，都会体现说话人的立场、认识、态度或修辞策略（赵秀凤，2010）。从这个意义上来说，主观性不是一个涉及语言表达内容的概念，而是涉及语言使用的概念，Smet 和 Verstraete（2006）称之为“语用主观性”：

> 语用主观性是语言使用的固有本质，独立于任何具体语言表达的语义。通过对现实的具体识解而做出的对语言表达形式的选择势必基于说话人的视角，如把某人描绘为“beautiful、slim、freckled”涉及说话人的评判或视角。（赵秀凤译，2010）

语言的主观性研究主要集中在三个方面：①说话人的视角；②说话人的情感；③说话人的认识（Finegan，E.，1995）。视角是指观察、认识事物的角度。视角不同，事物在大脑中的成像就不同，表现在语言上也就会有差异。比如对动词“体”的选择就体现了说话人视角的差异，Comrie（1976）认为体是对情状内在时间构成所持的不同观察方式。根据观察方式的不同可以分为完整体（perfective）和未完整体（imperfective）：完整体从外部观察情状，把它当作一个不可分析的整体，因而没有必要区分诸如开始、中间、结束等情状的内在结构；与此相反，未完整体从内部观察情状，因而跟情状的内在结构有着密切的联系。再比如动词“来”“去”也能表现说话人视角的不同，“来”是靠近说话人，“去”则是远离说话人。

情感是个很宽泛的概念，包括说话人的感情、情绪、意向、态度等。语言中的韵律变化、语气词、词缀、代词、副词、时体标记、情态动词、词序、重复等手段都可以用来表达情感，涉及语音、构词、语法、篇章结构等各个方面（沈家煊，2001）。这方面研究比较多的是语气副词所表达的情感及其主观性。

说话人的“认识”主要与情态动词和情态副词有关，比如英语的情态动词 must 在句子 He must be married 中是有歧义的：可以表示“他必须要结婚”，这时 must 属于道义情态，也可以表示“他肯定结婚了”，这时 must 属于认识情态，即说话人主观上判断命题“他结婚了”为事实。另外，Sweetser（1990）指出，英语中的各种连词如 since、becuause、so、therefore、although、despite、and、or、but 以及 if 小句等也都可以表示说话人的主观认识意义。

严格地说，任何话语都带有主观性，不带有说话人态度、感情、视角的语句是不存在的。但是主观性有程度的差别，李善熙（2003）指出语言的词类、句子成分甚至语体都存在主观性程度的高低。就词类而言，不同词类的主观性程度按名词、动词、形容词、副词、功能词、叹词的方向依次增加，它们从传递外部客观世界的信息逐渐转移到传递说话人主观世界的信息：

> 词类的主观性差异
>
> 名词 < 动词 < 形容词 < 副词 < 连词/介词/代词 < 叹词
>
> 客观性　　　　　　　　　　　　　　　　　　　　主观性
>
> 与词类的主观性等级相对应，句子成分也有一个主观性等级：
>
> 主宾语 < 谓语 < 定语 < 状语
>
> 中心成分 < 外围成分
>
> 不同的语体主观性的程度也不一样，一般而言有如下的等级：
>
> 叙述 < 描写
>
> 科学论文 < 小说
>
> （李善熙，2003）

主观性不仅是个认知概念，同时也跟语境有关。具体而言，说话人对语境（包括与受话人的关系、交际意图）的把握和对对象情景的主观认识共同促使说话人决定：是否或在多大程度上凸显“自我”成分，留下“自我印记”。（赵秀凤，2010）反预期是说话人的一种情感态度，与主观性有关，同时也与语境有密不可分的关系，从主观性理论切入也能一窥反预期标记的语义、语用特征。

第五节　本书结构及语料来源

本书共八章，可分为三部分：总论、分论和结论。第一章至第三章为总论，在前人研究的基础上确立本书的理论背景和研究框架，从反预期标记的性质、特征、类别和功能等角度建立理论框架；第四章至第七章为分论，根据总论提出的分类，每章一个专题分别考察语气类、疑问类、否定类、转折类反预期标记及其主要成员，揭示汉语反预期标记的显著特点和一般规律。第八章总结，概括本书所作工作、创新点、不足及今后研究方向。具体章节安排如下。

第一章，绪论。确定反预期为一种语法范畴，其对应的语法形式就是反预期标记。回顾、总结国内外有关反预期标记研究的主要成果和不足。在此基础上明确本书研究内容及目标，说明全书的理论背景和研究方法，并介绍文章结构及语料来源。

第二章，信息结构与预期、反预期信息。论述语言信息结构的概念，介绍已知信息—新信息和预设—焦点这两种常见的信息结构分类，并引出预期—反预期信息的概念。在语用学、关联理论指导下重点探讨预期的性质、来源以及与认知语境、预设的关系和区别。考察反预期信息的形成机制、在信息结构中的地位，以及自然语言里的表现形式。预期和反预期作为一对相辅相成的概念在反预期标记研究中占有重要地位，弄清这对概念的性质有助于更好地理解反预期标记。

第三章，反预期标记的性质与功能。本章及第二章是本书的理论部分，本章重在探讨反预期标记的性质、特征、分类及功能，先总结已有反预期标记的定义及汉语中被认为具有反预期表达功能的语法形式，筛选出符合本书标准的反预期标记成员。归纳反预期标记的语音、语义与句法特征，在此基础上总结反预期标记的性质特征。根据结构和功能标准将现代汉语反预期标记分为语气类、疑问类、否定类和转折类四类，说明每类的特征和成员。最后从信息提示、语用制约和语篇连贯三个方面论述反预期标记在话语中的功能。

第四章，语气类反预期标记及“偏偏”。首节对现代汉语语气范畴和语气表达系统作了简单的概述，探讨了语气类反预期标记的总体特征和反预期表达类型，该类标记的显著特点是反预期的表达主要通过语气来实现，成员主要是语气副词、语气助词和叹词，具有较强主观性，可以表达全部三种反预期信息。余下章节重点论述“偏偏”作为语气类反预期标记的性质和特点。从“偏偏”的基本语义句法入手，指出“反预期”是其核心意义，也符合反预期标记的各项特征，继而分析其反预期表达类型。从焦点提示、语用制约、语篇连贯三个角度阐释“偏偏”在话语中的其他功能。最后，分析“偏偏”作为反预期标记的主观性及情态类型。

第五章，疑问类反预期标记及“怎么”。首节论述了现代汉语疑问句的分类、疑问程度和功能，探讨了疑问类反预期标记的表现形式和总体特征，指出该类标记在可删除性、非重读性、句法条件及反预期信息类型上与他类标记的不同，论述了以疑问语调、疑问代词和疑问语气词表达反预期的具体形式。余下章节考察疑问代词“怎么”作为反预期标记的性质和功能，探讨了“怎么”实现反预期表达功能的句法条件及反预期信息类型。从显性/隐性义和应答系统分析“怎么”的信息提示和语用制约功能。最后探讨了“怎么”反预期义的主观性程度和情感色彩。

第六章，否定类反预期标记及“哪知道”。首两节论述现代汉语否定范畴的表现形式及种类，说明了否定类反预期标记的总体特征和内部差异。指出该类标记由否定义语素和心理动词构成，动词语素具有［－可控］的语义特征，其反预期表达功能通过后句与前句显性意义或前句推导出的隐含意义的对比而实现。从主观性、语义倾向性和语用差异三个方面讨论了否定类反预期标记的内部差异。余下章节选择“哪知道”作为考察对象，从共时层面的基本语义、句法分析入手，说明“哪知道”的反预期标记功能，并从历时演变的角度梳理了其反预期标记功能的产生过程，分析其由组合松散的句法结构词汇化、熟语化为类词单位的句法、语义条件。

第七章，转折类反预期标记及“但是”。首节论述现代汉语转折关系的内涵及主要转折标记，分析了转折类反预期标记的总体特征和反预期表达机制，指出转折关系的语用本质是反预期，表达反预期的一种方式是转折关系，转折类反预期标记主要是转折副词、转折连词和转折关联词语，一部分标记如“但是”“可是”“然而”等同时也是话语标记。其余章节以“但是”为例，分别论述了其作为反预期标记和话语标记的两种功能，讨论了“但是”实现这两类功能时的不同句法语义和语音条件，在此基础上解释了两者间的演变关系。

第八章，总结。讨论每类反预期标记的特点，比较反预期标记与话语标记的异同；在此基础上，阐述本书所做工作和创新之处，对主要内容和观点进行梳理，指出本书的局限及今后进一步研究的空间。

本书语料来源：

（1）北京大学 CCL 语料库，北京大学汉语语言学研究中心研制，共 783463175 字。

（2）中国传媒大学有声媒体文本语料库，该语料库包括 2008—2013 年六年的 34039 个广播、电视节目的转写文本，总汉字数为 200071896 个。

（3）有关语法著作、论文的用例。

（4）自拟例句。

另，本书例句较多，为行文方便，每章重新编号，若非特别说明，语料均来自上述四个来源。

第二章

信息结构与预期、反预期信息

第一节　语言信息结构

语言交际的本质是信息的传递过程，因而对一个给定的话语片段，除了从句法上分析主谓宾之外，还可以从信息结构的角度来分析。信息结构（information structure）是 Halliday（1967）最先正式提出的术语，他认为语言信息结构是信息单元（information units）的组织结构，说话人可以自由地将一句话的内容组织成一个或多个信息单元，这一过程是由语调实现的（Halliday，1967：200）。组成信息结构的信息单元有哪些？不同的学者从各自角度出发提出了许多分类，如主位（theme）—述位（rheme），话题（topic）—说明（comment），话题—焦点（focus），预设（presupposition）—焦点，已知信息（given）—新信息（new）等，这些术语有所区别，又有重叠，其中“主位—述位”结构是以信息结构的位置界定的，其他的二分结构基本都是以主位、述位位置上的信息内容命名的。限于篇幅，本章仅讨论已知信息—新信息和预设—焦点这两对与反预期信息密切相关的信息单元结构。

一　已知信息—新信息结构

将信息结构划分为已知信息和新信息是最常见的一种方式。这种划分可追溯到布拉格学派，并由 Halliday 在其 1967 年一篇极有影响的文章中发扬光大。无标记状态下，信息结构的顺序总是已知信息在先新信息居后，新信息通常位于句尾，是显调音节所在部分。

对已知信息和新信息的定义主要有两种角度：信息来源角度和认知心理角度，前者以 Halliday（1967）和范开泰（2000）等为代表，后者以 Chafe（1976）、Lambrecht（1994）和温锁林（2001）等为代表。

Halliday（1967：211）指出，已知信息可以通过回指或情境获得。新信息则至少有三种情况，第一种是说话人认为不能从语篇或上文情境中获得的、不可复原的信息，但并非是说前文不能提及的，尽管实际情况常常如此（ibid.：204）；第二种是跟某个预测的或陈述的选择项对立、具有对比性的信息（ibid.：206）；第三种是替换预设问题中的疑问成分的信息（ibid.：226）。

范开泰、张亚军（2000：207）也从来源的角度定义已知信息和新信息，他们认为已知信息是指已由环境或前面的话语提供了的信息，是说话人和听话人共同具有的知识，可以是听说双方有一致理解的背景知识、常识公理等，也可以是话语中前面部分已提到过的信息。新信息是指不能从环境或前面的话语预测的信息。

Chafe（1976：30）则从认知心理角度出发，认为已知信息是说话人假定话语说出时在听话人意识中已经存在的知识，而新信息则是说话人假定通过其话语引入听话人意识中的信息。

Lambrecht（1994：50）的定义与 Chafe 相仿，但他把已知信息、新信息两术语限制在与命题相关联的信息方面。已知信息就是一组在句子中被激活的知识，是说话人假定在说话时已经存在于听话人意识中的；而新信息是由话语本身添加到那些知识中的信息。为了避免这两个术语可能带来的混淆，他用“预设”和“断言”来代替“已知信息”和“新信息”。

温锁林（2001：85）认为已知信息就是指说话人主观上以为听话人知道所传的信息是什么；而未知信息是指说话人估计听话人不知道所传的信息是什么。他进而指出，已知与未知，只是说话人的一种主观预测，跟听话人实际是否知道所传信息是什么无关。

以上我们讨论了已知信息与新信息的意义，就句法形式而言，一个普遍观察到的现象是已知信息与定指有关，新信息与不定指相关。所谓定指，是指说话人主观上认为听话人能够识别其所指对象；所谓不定指，是指说话人主观上认为听话人无法识别其所指对象（张全生，2009）。Brown 和 Yule（1983：170—171）列举了英语文献中一系列常被确认为已知信息的句法形式，如：

a. 1. Yesterday I saw a little girl get bitten by a dog.

2. I tried to catch *the dog*, but it ran away.

b. 1. Robert found an old car.

2. *The steering wheel* had broken off.

c. 1. I saw two young people there.

2. *He* kissed *her*.

d. 1. Look out!

2. *It*'s raining!

e. 1. William works in Manchester.

2. So *do* I.

以上例子的斜体部分都是已知信息，Brown 和 Yule（1983：171）由此归纳了五种已知信息的句法形式：①重复出现的词汇，特别是带定冠词 the 的表达，如 a 中的 the dog；②同属一个语义场的词，如 b 中的 car（车）和 steering wheel（方向盘）；③用于回指前句的代名词，如 c 中的 he 和 her；④用于外指周围环境中的实体的代名词，如 d 中的 it；⑤代动词，如 e 中的 do。屈承熹（2006：145）指出，这五种句法形式其实只有三种，即 a 和 b 的定指名词短语，c 和 d 的代名词以及 e 的代动词。他进一步指出，汉语表达定指的方式是在形态上使用“这”“那”等指示词或所有格代词，或在句法上用动词前的位置来标记（2006，146）。通过考察语料，屈承熹（2006：150）认为已知信息和定指词语、新信息和不定指词语之间有高度的一致性，但也存在例外，用定指词语表达新信息，如：

A：谁开走了我的车？

B：<u>你丈夫</u>干的。

“你丈夫”是定指词语，但是表达新信息。如何处理这种矛盾，屈承熹（2006：151）提出要尽量区分信息结构的两个不同层面：信息来源和信息处理层面。在信息来源层面，定指表达已知信息，不定指表达新信息，它们之间有很高的对应性。在信息处理层面上，这些词语组合成更大的信息单位以显示信息值的不同。根据屈承熹的“信息结构双层观”，在词组层面也就是信息来源层面，已知信息必然定指，不定指必然是新信息；而在小句层面也就是信息处理层面，当小句中出现对比、重音等句法或韵律变化时，就会出现定指表达新信息现象。

二 预设—焦点结构

也有学者将信息结构分为预设和焦点两部分。预设也被称为前提或先设，最早是哲学与逻辑学的概念，后被引入语言学分析。语言学研究的预设指的是语句间的一种语义—语用关系。由于预设是语句的基础，寓于语句结构中，但它与语境因素之间的关系十分密切，因此预设既反映了语句之间的逻辑语义关系，也反映了语句间受语境影响的语用关系（范开泰、张亚军，2000：204）。相应地，预设可分为语义预设和语用预设。前者从真值条件出发，将预设看作两个命题之间的一种关系。对其经典描述是，如果有两个命题 A 和 B，当 A 为真时，B 为真；并且当 A 为假时，B 也为真，这样 B 就是 A 的预设（参看 McCawley，1998；何自然、冉永平，2009）。也就是说语义预设与语境无关，且能在原句的否定句中得以保留。比如：

（1）他的儿子考上北大了。

例（1）的预设为“他有儿子”，否定例（1）“他的儿子没考上北大”，预设仍然存在。这个预设无须依赖语境，仅从语言系统内部便可推导出来。

语用预设不同于语义预设，它并不从真值条件讨论命题之间的关系，而是侧重于研究语段与发话者、语境之间的关系。Karttunen（1973）认为，预设是句子对语境的一种要求，一个句子 S 以 P 为预设，当且仅当句子 S 在蕴含着 P 的语境中才得以恰当表达。Jackendoff（1972）把预设定义为交际双方所共有的知识，或者说双方共有的背景知识。以上两个定义比较有代表性，体现了语用预设的两个特征：适切性和共知性。比如妈妈对女儿说：

（2）去把门关上。

这个句子至少存在四个预设：①有扇门是开着的；②说话人和听话人都知道是哪扇门；③听话人有能力关门；④说话人可以命令听话人关门。其中①和②是语用预设的共知性，③④则是适切性。

焦点也有人称之为表达重心或表达重点，它是一句话中说话人传达给听话人的最重要的信息，或是由于表达的需要而着重说明的部分（温锁林，2001：42）。Halliday（1967：202—206）指出，焦点往往是述位的一部分，是上下文或情境中不可获得的、信息单元中的新信息，表现为焦点本身或其一部分附带语调重音，是信息单元中韵律突出的部分。话语中，焦点的选择是由说话人的心理因素决定的，取决于说话人想要强调的重点，因而在句中的位置很自由。例如：

（3）a. 张三昨天在新华书店买了《语法讲义》。
b. 张三昨天在新华书店买了《语法讲义》。
c. 张三昨天在新华书店买了《语法讲义》。
d. 张三昨天在新华书店买了《语法讲义》。
e. 张三昨天在新华书店买了《语法讲义》。

以上画线部分均是说话人想要强调的部分，是句子的焦点。当焦点落在句尾，与句子的自然重音重合时，该焦点就是自然焦点，也叫作常规焦点，如上例 a 句。当焦点落在句中其他位置，是句子的对比重音时，该焦点就是对比焦点。对比焦点是与上下文或句外的特定对象相对比，采用对比的方式来说明焦点的，如上例 b—e 句中，焦点都是在“是张三而不是李四”，“是昨天而不是今天”，“是在新华书店而不是别的书店”，“是买而不是偷”这样的对比中凸显出来的。对比焦点通常可以采用特定的句法标记来表达，如英语的分裂句和汉语的“是”“连”等。

焦点和预设的关系十分密切，Chomsky（1971）和 Jackendoff（1972）都论述过两者间的联系。Chomsky（1971：205）指出，句子的语义表达可以分为预设与焦点两个部分。焦点是包含语调中心的短语，预设则是用变量替换焦点之后的表达。也就是说，预设是用焦点的上位概念替代焦点以后得出的一个命题。如“小王去过美国”这句话里“美国”是焦点，“小王去过某个地方”就是它的预设。

根据 Jackendoff（1972），句子的信息结构可以按照预设—焦点进行切分。预设指的是说话人假定句子中他和听话人共享的那部分信息，那些非共享信息就是焦点，即提供新信息的部分，在意义上构成话语的断言（assertion），在语音上重读（Jackendoff，1972：230，235）。

话语中，焦点是作为断言直接表示出来的，是新信息，而预设则隐含在句中，是已知信息。一个单句可以有多个预设，而焦点一般只有一个，并且预设会随焦点的变化而变化。仍以“张三昨天在新华书店买了《语法讲义》”为例，这句话可以有不同的焦点，相应也有不同的预设：

例句	焦点	预设
（4）a. 张三昨天在新华书店买了《语法讲义》。	《语法讲义》	张三昨天在新华书店买了某物。
b. 张三昨天在新华书店买了《语法讲义》。	张三	有人昨天在新华书店买了《语法讲义》。
c. 张三昨天在新华书店买了《语法讲义》。	昨天	张三某天在新华书店买了《语法讲义》。
d. 张三昨天在新华书店买了《语法讲义》。	新华书店	张三昨天在某地买了《语法讲义》。
e. 张三昨天在新华书店买了《语法讲义》。	买	张三昨天在新华书店对《语法讲义》做了某事。

预设和焦点牵涉到的问题很多，十分复杂，限于篇幅，本节不再深入展开，在下文相关问题的分析时，我们还会继续讨论。

第二节 预期信息

一 预期及来源

什么是预期（expectation）？根据《现代汉语词典（第六版）》的释义，是“预先期待”；《韦氏高阶英语词典》（*Merriam - Webster*）对 expectation 的解释是：a belief that something will happen or is likely to happen（相信某事将要发生的信念）。汉语的解释没有说明“期待的是什么”，而英语解释没有突出“预期”的“预先”特征，因此本书采两家之所长，把“预期”解释为“预先认定某事将要发生的信念”。在话语交际中，交际主体对出现的信息内容可能有所预期也可能没有预期，没有预期的信息就是中性信息，与预期相符或相反的信息就是预期信息或反预期信息。中性（neutral）信息是一个基本的类，预期信息和反预期信息是中性信息向不同方向的延伸。就信息值而言，反预期信息最高，预期信息最低（Dahl，2000）。张健军（2012）提出中性信息存在的两个前提条件：一，话语内容应在受话人的理解范围内；二，受话人心理上并未作出主动判断。一旦违背其中之一，就会偏离基准线，从而转化为预期信息或反预期信息。据此理解，预期应该是交际主体心理上作了主动判断，是积极参与会话合作的一种表现。设想如下语境：张三和李四在宿舍聊天，他们谈论起室友王五：

(1) 张三：王五去哪儿了？李四：去图书馆了。
　　张三：1. 看来我也要用功了。
　　2. 他果然去了。
　　3. 他竟然去图书馆了！

在李四回答之前，张三对王五的去向可能有所判断也可能没有判断，因而针对李四的回答会有不同的态度反馈。1句表明张三并未对王五的去向作主动判断，李四提供的只是中性信息。2句和3句表明张三对王五的去向有预期，前者预期王五去图书馆，后者预期王五不会去图书馆，而李四提供的信息正好证实（句2）或证伪（句3）了张三的预期，并在语言形式上有所体现（“果然”和“竟然”）。

Sperber和Wilson（2008：142—155）认为说话人发出的新语句带来的新信息与受话人已有的定识（assumption）相互作用会形成三类语境效果：①语境蕴含。新旧信息相互作用产生不能单独从新信息或旧信息推出的新结论；②增强（strengthening）：新信息支持原有的假定，增加了后者的力度，使其更为肯定、可信；③矛盾并取代（contradiction and replacement）：新信息与已有假定产生矛盾并取而代之。这种结果的前提是新信息的确信度必须大于已有假定，至少听话人如此认为。实际上这三类语境效果正好解释了上例张三的三种不同回应。

预期是对将要发生的事情的主动判断，事情实际发生了则符合预期，反之则与预期不符。那么交际过程中，说话人和听话人的预期是怎么形成的，其来源有哪些？Heine et al.（1991：192）提出了两个主要来源：一种是说话人所熟悉世界的规范（norm）和标准（standard）。这个规范和标准对说话人和听话人都是一样的，也可称为共享预期（shared expectation）。另一种是双方各自具有的知识状态（state of knowledge），该知识状态可能因年龄、性别、社会地位、文化背景、意识形态等的不同而不同，因而不是听说双方所共享的预期。Heine et al. 举了下面这个例子：

（2）A：Let' s play on Sunday at 8.
我们周六早上8点出来玩吧。
B：That' s too early. I am still asleep at that time.
那太早了，我那会儿还在睡觉呢！

Heine et al.（1991：192）指出，B用了两个反预期标记（too和still）表明说话人对出来玩的最佳时间的预期与A不一致（此处用too标记）。此外B睡觉时间也与A的标准不符（此处用still标记）。

Heine et al. 的观点被Traugott & Dasher和Dahl继承，只是表述略有不同。Dahl（2000）把“规范”和“标准”称为“世界知识”（world knowledge），Traugott & Dasher（2002）把它们具体化为“人们常说/想X”。

吴福祥（2004）提出预期的三个来源：①社会常规；②听说双方具有的知识；③特定的语境。与前人相比多了一个“特定语境”，但对于“特定语境”如何产生预期吴文并未给予说明。唐敏（2009）指出预期是语境中存在的某种隐含信息。她进而指出这种隐含信息的来源：可能是说话人或听话人的主观预期，也可能是一种客观事实或谈话双方共同认可的言语社会的公众认识或一般常理。简而言之，主观预期、客观事实和常理。

综上，研究者们列出了预期形成的几个可能来源：①社会规范或标准（世界知识、常理）；②听说双方具有的知识；③客观事实；④特定语境；⑤主观预期。本书认为“客观事实”和“主观预期”可归入“听说双方具有的知识”，而“特定语境”过于模糊和抽象，不利说明预期的来源，应该删去。此外，预期还有一个重要的来源，即个体通过推理和逻辑思维形成的预测或预判。下面本书尝试将预期的来源归纳为三项：①个体已知信息；②社会共享信息；③推理而得的预测，并具体说明其如何形成预期。

第一，个体已知信息。

个体已知信息是指仅为说话者或听话者自己知晓的信息，包括个体的经历、记忆、知识、信仰、观念、愿望等。由于每个人的生活阅历、社会地位、教育背景等各不相同，因而形成的预期也会有差异。设想如下场景：A 毕业一年后带朋友 B 重访母校，发现母校重建了一个校门，与原来大不一样，此时很有可能发生如下对话：

（3）A：大门竟然变成这样了。
B：哦，原来是什么样的？

对 A 而言，有关于该校的记忆，知道校门曾经的样子，重返母校时还是预期见到原来的校门，当发现校门变了之后，出乎意料，原有预期被修正。而 B 未曾来过该校，对校门的样子没有预期，如果不是 A 的反预期表达，可能 B 根本不会追问原来的校门是什么样子。例（3）是因个体记忆不同造成预期不同的例子，本书还可以举出知识、信仰、观念不同的例子，限于篇幅不再赘述。因个体已知信息形成的预期对说话人而言是已知信息，对听话人而言则是新信息，但听话人可以从说话人的语句中推导出来。

第二，社会共享信息。

社会共享信息是指被同一文化社团成员共享的风俗习惯、社会规范、伦理道德、行为标准、价值观念以及与人类社会和世界相关的百科知识等，是为某个言语社会普遍接受或认可的先设。同一文化社团成员拥有共同的社会共享信息，能形成相同的预期，比如人们在见到两个年龄不同的人之前，总会根据百科知识预期年纪大的比年纪小的看上去衰老，但是实际情况可能与我们的预期不符，年纪大的反而看上去更年轻。

跨文化交际中，来自不同文化社团的交际双方因风俗习惯、行为标准、价值观念等不同对交际的形式或内容可能形成不同的预期，严重的甚至造成跨文化交际障碍。比如中国人在接受他人礼物或赠予时总习惯先礼貌性地推辞几次，等对方再三提出后才“勉为接受”，而美国人则没有这样的习惯，因此当一个美国人要送礼物给他的中国朋友时，朋友如果按照中国人的习惯先拒绝，那么很有可能造成误会，让对方以为不喜欢这个礼物。这是因两国风俗不同造成对接受礼物的预期不同。

第三，推理而得的预测。

前两种预期的来源是知识或事实（至少说话人这么认为），是静态的，可以用言语直接陈述出来，从信息加工心理学的观点来看，可称为陈述性知识。然而预期的形成还有一个来源，即个体经由推理而得的预测，这个过程需要通过逻辑思维，对未知事物的性状、发展趋势等作出推测或预判，是动态的过程，属于程序性知识（张二虎，2005）。具体而言，形成预期的推理主要有演绎推理、归纳推理和类比推理三类。由于人类的推理能力大致相同，如果占有的前提一致并且逻辑形式正确的话，由推理形成的预期也是为双方共知的。

演绎推理是从一般性认识推出个别性或特殊性认识的推理（王海传等，2011：97），经典形式是由三个直言判断构成的三段论。比如小张12月要从中国去位于南半球的塔希提岛旅游，他没有查塔希提岛的天气，但可根据如下的三段论推理形成预期：

大前提：南半球与北半球的季节相反
小前提：塔希提岛位于南半球
结论：　塔希提岛的季节与北半球相反

根据语境信息，小张可以预期塔希提岛现在正值夏天。演绎推理是一种必然性推理，也就是说如果前提和逻辑形式正确，得出的结论也必然正确，由此形成的预期也往往为真。然而在现实生活中，人们进行推理的前提未必正确，所以仍会遇到预期与实际不符的情况。

归纳推理是从个别性或特殊性认识推出一般性认识的推理，其经典形式是：

S1是（或不是）P，
S2是（或不是）P，
⋮
Sn是（或不是）P，
S1—Sn是S类的全部或部分对象，
所以，所有的S都是（或不是）P。　（王海传等，2011：148）

归纳推理在生活中较为常用，特别是孩子，比如孩子看到很多天鹅都是白的，通过归纳推理就形成“所有的天鹅都是白的”的预期，而世上恰恰还存在黑天鹅。由于归纳推理是或然性推理，即使前提正确结论也未必正确，因此形成的预期常常与实际不符。

类比推理是根据两个（或两类）相关的对象某些属性相同或相似，从而推出他们在另外的属性上也相同或相似的推理，其逻辑形式为：

A 对象具有属性 a，b，c，d
B 对象具有属性 a，b，c
所以 B 对象可能也具有属性 d （王海传等，2011：173）

比如科学家发现人与猩猩在身形、基因、行为习惯等很多方面都具有相似性，通过类比推理，产生猩猩可能也具有语言的预期。类比推理是个别到个别或一般到一般的推理，也是或然性的，由此形成的预期与实际不符的可能性也很大。

综上，本书尝试提出一个有关预期的定义：预期是交际主体对话语信息的先期认识，包括预知和预测，可能与实际相符或相反。

二 预期与认知语境

在关联理论中，个体的认知语境是话语理解的一个重要因素，Sperber 和 Wilson（2008：19）视语境为一个心理概念，是听者对世界所形成的众多定识（也译作假设，assumption）的一个子集。也就是说，认知语境由定识构成，那么定识又是什么呢？据 Sperber 和 Wilson（2008），定识是被个人当作现实世界表征的思想，主要有四个来源：知觉、语言解码、百科信息以及演绎过程。

所谓知觉是对一个感官刺激指派一个相应的概念识别，比如：

（4）这是玫瑰花。
（5）电话响了。
（6）刚炒的菜好香。

以上三个命题式代表了三个定识，分别由个体的视觉、听觉和嗅觉刺激得到。在正常的知觉条件下，这些定识一般是正确的，可信度和可及度都很高。

语言解码形成的定识是指对说出的句子之逻辑式作补充而得到的命题式通过标准程序整合成一个关于言者所述内容的定识。比如有人听到张三在某一时刻 t 说（7），他的语句就会被解码，得出句（8）的逻辑式①，后者通过语义充实被补全，得出命题式（9）②，该命题式又可以进一步与（10）的定识图式整合③，得出定识（11）：

（7）［Wǒ è le］

（8）我饿了。

（9）张三在 t 时间饿了。

（10）张三说……

（11）张三说张三在 t 时间饿了。

百科信息形成的定识是指存在于说话人/听话人脑海中的百科知识以及个体记忆，存有形如例（12）—（15）的各种定识：

（12）车在车库里。

（13）妈妈今年 60 岁了。

（14）温度低于 0 摄氏度时水会结冰。

（15）大熊猫是国宝。

上例（12）和例（13）是记忆形成的定识，而例（14）和例（15）是百科知识形成的定识。

演绎过程形成的定识是指给定一组定识作为前提，后继定识能够作为演绎过程的结论推演出来。比如从（14）和（16）可以推出定识（17）：

---

① 与乔姆斯基的“逻辑式”不同，Sperber 和 Wilson 所说的逻辑式是把概念表征中的快乐或悲哀这样的非逻辑特性去除后，剩下的逻辑特性称作逻辑式。正是借助自身的逻辑式，一个概念表征才能与其他概念表征建立诸如矛盾或蕴含的关系。

② 命题式是命题型逻辑式的简称，指语义上完整，从而能取真或假的逻辑式。

③ 定识图式是指长时记忆中的百科信息被组合成某种组块，在文献中也用“框架”“脚本”“原型”等名称。

(14) 温度低于0摄氏度时水会结冰。

(16) 今天室外温度为零下10度。

(17) 今天当地的小河结冰了。

定识有新旧和强弱之分，一般而言，从百科信息调用或经过演绎推导得出的定识都是旧信息，而通过知觉或语言解码导出的定识都是新呈现的信息，后两项来自输入系统，经过加工才成为旧信息。就强度而言，经由知觉系统得到的定识力度最强，语言解码、百科信息和演绎过程次之（存在故意说假话、记忆出错以及演绎的大小前提错误等可能）。

前文曾讨论了预期的三个来源（个体已知信息、社会共享信息及推理而得的预测），比较Sperber和Wilson对定识的阐述，可以说预期是定识的一种（对应百科信息和演绎），构成了个体认知语境的一部分。在言语交际中，个体加工新信息时大脑里并不是空白一片，而是将新信息与一组适当筛选的背景定识（也就是认知语境）结合。预期在言语交际中就起了这样一个认知语境的作用。交际中，这个认知语境总是处于动态变化过程中，是个体选择的结果，而不是事先就给定的。传统语用学理论假定理解过程是按如下顺序发生的：首先确定语境，接着理解过程开始运作，然后对关联作测算。也就是说，关联被视为变量，要在预先确定的语境这个函项中测算自己的值。但是Sperber和Wilson（2008：190—191）认为理解过程的顺序正好相反，人都希望自己加工的定识是关联的，因此当事人就会试图选择一个可以支持自己希望的语境：一个可以最大限度增加关联的语境。因而特别是在言语理解时，关联被视为一个给定的因素，而语境才是变量。

预期也正如认知语境一样，是选定的而不是给定的，是人们在理解或产生话语信息时从大脑中调取的众多定识之一。前述例（3）中A看到新校门前，关于老校门的预期并未被激活或调取，只是在他看到新校门时联系起原来校门的样子，发现和记忆中不符，于是发出“大门竟然变成这样了”的感慨，而就B而言，要理解A所说的这句话也得调取“大门可能会变样”这样的一个预期（定识）。

三 预期与预设的区别

预期（expectation）与预设（presupposition）在汉语中只有一字之差，

意义也相近，研究者有时不加区别地使用这两个概念，造成了一定的混淆。比如张云峰（2009）指出常见的反预期标记是像“其实、还、并、居然、却、不过”等副词。它们都和一定的预设密切相关，都是对话语事实与预设之间差异的强调。王明华（2001）和尹洪波（2011）都认为“并不”中的“并”不是表加强否定语气，可前者认为“并”是对某一预设或逻辑前提进行否定，而后者指出“并”是否定某种预期。那么预期是不是就等于预设呢？我们认为二者既有区别又有联系，不能不加辨析地等同起来。

预设最早发轫于哲学与逻辑学，后被引入语言学及语用学分析，本身也是一个充满争议的概念。学界一般把预设分为语义预设和语用预设，前者从真值条件出发，将预设看作两个命题之间的一种关系，语义预设与语境无关，且能在原句的否定句中得以保留。比如：

（18）他的女儿在工商银行工作。

例（18）的预设为“他有女儿”和“有一个银行叫工商银行”，否定例（18）“他的女儿不在工商银行工作”，两个预设仍然存在。这两个预设无须依赖语境，仅从语言系统内部便可推导出来。

根据语义预设的定义，预设永远为真，这个论断显然与语言实际相悖，因此越来越多的语言学家认为预设归根到底是种语用现象而非语义现象，即预设不是句子或命题之间的关系，而是语段与发话者、语境之间的关系。语用预设具有两个特征：适切性和共知性。Jackendoff（1972）认为，预设是交际双方所共有的知识，或者说双方共有的背景知识。比如老师对学生说：

（19）请把窗户打开。

这个句子至少存在四个预设：①有扇窗是关着的；②说话人和听话人都知道是哪扇窗；③听话人有能力开窗；④说话人可以命令听话人开窗。其中①和②是语用预设的共知性，③④则是适切性。同样的，否定例（19）“别把窗户打开”，上述预设仍然存在。

综合以上对语义预设和语用预设的介绍，我们可以归纳出预设的几个特征：①预设是句子成立的必要条件，因此每个句子或话语均有预设；②一个句子可以有多个预设；③预设在原句的否定句中仍然保留；④预设是交际双方的共享知识。那么预期是否具有这四个特征呢？我们认为预期只具备第四个特征。首先，预期只是人的一种心理倾向性，不是句子成立的必要条件，因而不是每句话都有预期。比如例（18）“他的女儿在工商银行工作”就很难推知说话人有什么预期。其次，句子一般只有一个预期。比如“小明竟然输了那场比赛”的预期是“小明不应该输”，但预设却有三个“有小明这个人”“有一场比赛”“小明参加了一场比赛”，且与预期不一致。再次，预期在原句的否定句中被颠倒。“小明竟然输了那场比赛”和“小明竟然没输那场比赛”预期正好相反，但预设不变。最后，预期包括说话人、听话人的预期以及交际双方共享的社会预期。在社会预期这点上是与预设一致的。因此当句子的理解涉及社会共享知识时，预期和预设才是一致的。比如“八月竟然下雪了”这句话的预期和预设都是“八月不应该下雪”。

以上分析了预期和预设的联系及区别，并说明了只有在“社会共享知识”这点上预期和预设才是一致的，可能也正因为如此才造成了混淆，然而大部分情况下，同一个句子两者并不相同，因此不能随意替换。

第三节　反预期信息

一　反预期信息的形成

根据吴福祥（2004），反预期信息就是与某个特定预期相反的话语信息。具体而言，就是说话人针对语境中谈及的某一事物或事态提出一种与他自己或受话人的预期相反或相背离的断言、信念或观点。该定义准确地揭示了反预期信息的本质并隐含了反预期信息的分类：与自己或受话人预期相反。该定义为研究者广为接受，但也容易将大家的研究角度集中在反预期信息的类型上，而忽略反预期形成的心理机制或过程。虽然人们对反预期信息的判断近乎直觉，几乎在一瞬间完成，但语言学研究就是要将人们习焉不察的现象、习以为常的经验进行科学抽象，并作出理论上的说明。从这个角度而言，关注反预期信息形成的机制也同样重要，有助于更好地理解和判断反预期信息。

反预期的形成机制与预期的来源密切相关，上文将预期来源分为个体已知信息、社会共享信息和推理形成的预测三类。相应的，反预期的形成机制也可分为三类：①与已知信息直接相反；②与特定语用量级相反；③与合情推理相反。

与已知信息直接相反是指说话人/受话人对某事态持有某种信息，但发现事实或他人的观点与该信息相反。该信息多源于个体的经历、记忆、知识、信仰、观念、愿望等以及仅限于交际双方的共知信息。其反预期形成机制可码化为 p∧～p，其中 p 为预期，～p 为反预期信息，比如：

(1)（语境：小李出国前，对美国的印象是枪支泛滥，社会治安差。到了美国后，她发现情况不是这样。于是她对在国内的朋友说了下面的话）

不用担心，其实美国不是家家都有枪，治安也不差。

(2)（语境：说话人是姚明的忠实粉丝，想要队友多给他传球）

姚明已经拥有巨大的号召力，但在火箭队他还只是个新手，偏偏球队的两个主力后卫莫布里和弗朗西斯都酷爱个人进攻而不爱传球。

(3) 现在她忽然觉得自己原来什么都不是，并不比别人强。

例（1）小李的预期是“美国家家都有枪，治安差”（p），这个预期是小李的个体已知信息，可能源自她出国前获得的知识，如好莱坞电影或教科书上的不实说明，而事实与原有印象直接相反，用“其实”标示“美国不是家家都有枪，治安也不差”这个反预期信息（～p）。例（2）说话人的预期是“莫布里和弗朗西斯都多传球少个人进攻”，这实际上只是说话人自己的主观愿望，这个愿望与现实不符，因而与说话人预期相反，用“偏偏”标示反预期信息。例（3）“她”的预期是自己比别人强，这个可能源于“她”的经历或记忆，但“她”发现事实并不如此，用“并”标示这个反预期信息。

与特定语用量级相反是指说话人根据语境建立一个有关可能性的语用量级标尺，可能性大小的排列次序与特定言语社会的共享信息有关，说话人陈述的事物或事件正好处在语用量级的最低端，即最不可能的情况，然而这种最不可能的情况竟然发生了，从而与一般预期相悖（袁毓林，2006、2008）。比如：

（4）有些产品例如钢材、水泥等甚至已供大于求。（袁毓林，2008）

（5）有些人真是胆大妄为，连熊猫都敢吃。（王远明，2008）

例（4）的说话人建立了一种关于钢材、水泥等建筑材料的供求情况的量级标尺：供不应求→供能应求→供大于求……，越是后面的可能性越低。袁毓林（2008）指出“甚至”引进的是某种语用标尺上的最低点，也就是一种最不可能的情况。由于可能、不可能是相对于人们（说话人或听话人甚至一般公众的信念、社会常规等）的预期而言的，因而可以说例（5）这种句子表达的是一种反预期的信息。

例（5）说话人也建立了一种关于“敢吃食物可能性大小”的语用量级标尺：敢吃鸡肉→敢吃狗肉→敢吃蛇肉→敢吃老虎肉→……敢吃熊猫肉。熊猫肉位于敢吃食物可能性的最低端，但这种最不可能的事也发生了，因而与一般人的预期相反。正是在这个意义上，袁毓林（2008）认为“连”的作用跟“甚至”相似：引出一个跟语境相关的关于某种可能性的语用尺度，并指示其引导的成分的所指处于这个量级标尺的最低点。

与合情推理相反是指说话人/受话人根据某一情况 p，通过合情推理形成预期 q，但是发现实际情况与预期相反。合情推理与经典演绎推理既有联系又有区别，经典演绎推理的前提是确定的、准确的，因而结论也是准确的；而合情推理的前提“可能不完整、不确定、不准确，或者只是部分有关”（Collins & Michalski，1989），因而其结论仅是很有可能为真（合情），但不排除为假的可能性，其结论具有可取消性。也正是在这个意义上，Rescher（1976）把合情推理视作在可取消的基础上以演绎方式进行的推理。徐盛桓（2005）把合情推理码化为：

$$((\Diamond(p\rightarrow q))\land p)\rightarrow\blacklozenge q$$

其中“◇”表示很可能，“◆”表示可信，上述公式读作假如有 p 必有 q 是很可能的且今有 p，则可信有 q。这里的前提具有概率性（probability），结论只具可信性（credibility），这一推断不具必然性（徐盛桓，2005）。合情推理可以很好地解释一部分反预期的形成机制，比如：

（6）尤其是一些病人，多吃含高蛋白的甲鱼、海参、老母鸡等，反而不利恢复健康。

(7) 他出生于香港的名门望族，却娶了一个普通人家的普通女子。

例（6）的推理基于以下逻辑：高蛋白食物（p）对人体健康有益（q），甲鱼、海参、老母鸡是高蛋白食物（p），因此有利于健康（q）。需要注意的是，这是一个合情推理，即大前提是不完整、不准确的，其结论也不具备必然性，但人们把这个当作真的，因而实际情况是“不利于恢复健康”（~q）时，反预期就形成了。

同样的，例（7）的合情推理逻辑是：如果结婚需要门当户对是很可能的，并且他“出身名门”，那么他娶一个豪门女子的推测也是可信的，然而实际情况是“他娶了一个普通人家的普通女子”，这自然与人们的预期不符。基于合情推理的反预期形成机制可码化为：

$$((\Diamond(p \rightarrow q)) \land p) \land (\sim q)$$

上述公式用语言表述即为“如果有情况 p，那么一般应有 q，但实际是非 q”，这里的预期 q 一般是隐含的，不明示出来。

二　反预期信息的性质及表现手段

反预期信息，顾名思义就是与预期相反的信息。本书对“相反”取最广义的理解，相当于“不符”，不符合预期的信息都称为反预期信息。具体而言，包括相反、不及与超过预期这三种情况。“相反”是指实际情况与预期矛盾对立，比如预期“天气热”，实际“天气冷”；预期“下雨”，实际“没下雨”。“不及”和“超过”与预期并不矛盾对立，在方向上与预期一致，只是在量上少于（不及）或多于（超过）预期。比如预期“月薪 8000 元，属于高薪收入”，实际“月薪只有 7000 元，尽管也算高薪，但没那么高”，这是不及预期的情况，如果实际月薪有 10000 元，那么就是超过预期了。

一般把反预期信息分为三类：与受话人预期相反、与听话人预期相反、与特定言语社会共享预期相反（吴福祥，2004）。宗守云（2011）指出，前两种都是和个人预期相反，可以合并为一种，并且和个人预期相反还包括一种情况，即和言谈之外的第三人预期相反。这样，他认为反预期信息实际上只有两大类，一是和个人预期相反，一是和社会预期相反。本书认同宗守云（2011）对反预期信息的划分，这也与本书对预期及反预期信息的来源分析一致。

与个人预期相反包括三种情况：与听话人预期相反、与说话人预期相反、与言谈之外的第三人预期相反，比如：

（8）男：听说日本的物价很贵。

女：我去年去过日本，物价并不贵，索尼的单反才2000元人民币。

（9）我曾以为自己不是这块料，谁知，经过这些年的尝试和摸索，写童话竟成了我的一大优势。

（10）张林丽加快速度，想把日本选手甩掉，她们却越跟越紧。

例（8）—（10）分别是与听话人、说话人和言谈之外第三人预期相反的例子。例（8）是对话语境，当一方说话时，另一方即为听话人。男人对日本物价的预期是"很贵"，反预期标记"并"表示其后连接的谓语"不贵"与听话人（男人）的预期相反，是反听话人预期。例（9）为独白语境，句子的逻辑主语"我"与言者主语一致，说话人就是逻辑主语"我"，用反预期标记"谁知"表示"写童话成为我的优势"出乎"我"意料之外，与"我"即说话人预期相反。例（10）是叙述语境，句子主语"张林丽"与言者主语不一致，且无特定的说话人或听话人，反预期标记"却"表示"越跟越紧"与言谈之外第三人（张林丽）的预期相反。需要指出的是，与言谈之外第三人预期相反其实是与说话人预期相反的一个特殊变体，即这只是在语境中无法找到说话人时才姑且赋予叙述对象的一个名称，该叙述对象与说话人在本质上无异。如果把第三人称的叙述对象换为第一人称"我"，即变为与说话人预期相反。现在只不过借他人之口转述该叙述对象的反预期态度。因此在后文分析中，除非特殊需要，我们主要还是关注说话人、听话人以及社会共享预期的区别。

无论是与说话人、听话人还是言谈之外第三人预期相反，其共同特点是预期仅为个人所知，说出来之前他人并不知晓，而社会共享预期则是为交际双方所共享的常规、常理或常情，比如：

（11）炎炎夏日竟然下起了乒乓球大小的冰雹。

(12) 老子英雄儿好汉，刘备的太子却是个蠢材。

(13) 他放着好好的部长不当，偏偏去做了个保安。

例（11）“夏日下起了冰雹”与社会共享预期或常理不符，“夏天不下冰雹”的预期作为背景知识没有陈述出来，但对听说双方而言均是已知的。例（12）一般而言，儿子会继承父亲的优点和能力，即所谓的“老子英雄儿好汉”，这也是为交际双方所熟知的，但刘备的儿子与这一预期不符，“却”标示了这种情况的反预期性。例（13）按照常情，人们更愿意当部长而不是保安，“他”的选择与社会常规、常情不符，用“偏偏”标示这种反预期信息。

Sperber 和 Wilson（2008）曾提出说话者发出的新语句带来的一个或多个新定识与受话人认知语境中既有定识发生相互作用时会产生三种不同的语境效果：①语境蕴含；②增力；③矛盾并取代。反预期可以视作第三种语境效果：矛盾并取代，即新定识提供与旧定识相反的证据，从而导致旧定识的弃置。这种结果的前提是新定识的力度必须强于旧定识，至少收讯者如此认为。比如说话人原来以为张三去国外旅游了，那么说话人的预期（旧定识）就是张三不在国内，如果此时他亲眼在路上看到了张三，那么“见到张三”是一个新定识，这个新定识的力度强于旧定识（眼见为实），从而取代旧定识，说话人可能说出“张三居然没走”这个语句表达与其预期相反的事实。因此，反预期是一种语境效果。而反预期信息又是一种信息，就信息的新旧而言，是新信息；就信息的重要性而言，是比较重要的信息，往往也是所在句子的焦点，比如：

(14) 这种事情亏她说得出口。

(15) 下雪的时候反而不冷。

(16) 过了几年，他竟然死了。

上述例句的画线部分均是句子表达的反预期信息，也是所在句子的焦点和新信息。需要指出的是，反预期信息的“反预期”是一种语境效果，不是信息本身的性质，“反预期”性是由一些特殊手段标明的，比如上例中的“亏”“反而”“竟然”，如果把这几个词去掉，得到例（14'）—（16'）：

（14’）这种事情她说得出口。

（15’）下雪的时候不冷。

（16’）过了几年，他死了。

例（14’）—（16’）的画线部分与例（14）—（16）一致，但已经没有了反预期意味，仅仅是句子的新信息或焦点。这说明反预期信息需要通过特定语言手段标示出来。语言中，反预期信息的表现手段有很多，最简单的是语音手段，即表达反预期信息用上升语调。比如：

（17）甲：你知道吗，奥巴马当选了美国总统。
乙：奥巴马↗？

如果乙事先认为奥巴马当选美国总统的可能性很小（奥巴马之前美国历史上从没有过一位黑人总统），当他听到奥巴马当选的消息时，最简便地表达他出乎意料的反预期态度的方式就是用上升调说出“奥巴马”。听话人也可以从其话语中推知他不认为奥巴马会当选。

除语音手段外，虚词也是一种常见的表现方式，最常见的是副词、连词这样的语法词，比如英语的 in fact、actually、only、too、already、but、although、conversely、however；日语的 demo、dakedo、kedo；朝鲜语的 nuntey 以及汉语的“其实、实际上、事实上、还、并、居然、竟然、却、倒、但（是）、可（是）、不过、然而、而”等（吴福祥，2004）。

语序或结构式也是表达反预期信息的常见方式。德语的无标记疑问语序是“动词＋主语”，如果调整疑问语序为“主语＋动词”，就表示说话人的反预期态度，如：

（18）Er raucht?
他　抽烟？
他抽烟吗？（我没料到他抽烟）
Raucht　Er?
抽烟　他？
他抽烟吗？　　（Heine. et. al，1991：193—194）

某些结构式如英语的 X instead of Y，X rather than Y，汉语的“X 不比 YZ”也能表达反预期信息（吴福祥，2004）。本书把语言中表达反预期范畴（标示反预期信息）的语法形式称为反预期标记，是本书的主要研究对象。下一章将对反预期标记的特征、定义、分类、功能等问题加以讨论。

第三章

反预期标记的性质与功能

第一节 定义及成员

一 反预期标记的定义

关于反预期标记的定义大概有三种，这三个定义详略不同，内容也稍有差异，主要表现在对标记的理解不同。Heine et al.（1991：192）从广义角度理解标记，他们认为人类语言都有区别符合常规与偏离常规情状的表达手段，偏离常规的就是反预期，一般用某些标记（marker）加以编码（encode），而符合常规通常是无标记的。简而言之，反预期标记就是语言表达偏离常规情状的手段。他们特别指出，反预期标记的来源十分广泛，既可以是形态句法的（morphosyntactic），也可以是语音的（phonological）。前者是如“too”和“only”这样的小品词和句子副词以及语序；后者是如重音这样的超音段（suprasegmental）成分（Heine et al.，1991）。也就是说，Heine et al. 的反预期标记包括句法标记和语音标记。他们进而指出副词是最常见的反预期标记，并列举了英语的几个反预期标记及他们的反预期意义，如表 3 - 1 所示：

表 3 - 1　　英语常见反预期标记（Heine et al.，1991：193）

标记	释义	典型使用域
too（太）	超过合适的度	任何域
nevertheless（然而，尽管）	与预期相反	任何域
only（只有）	少于合适的度	数量
already（已经）	早于预期开始	时间
not yet（还没）	晚于预期开始	时间
still（仍然，还是）	晚于预期结束	时间
no longer（不再）	早于预期结束	时间

Traugott 和 Dasher（2002）继承了 Heine et al. 的观点，但他们把反预期标记称作反意（adversativity）标记，认为是说话人或作者用以标示他们表达的信念或观点与他们自己或对话者对相关特定事件的预期相反的特殊标记。这种标记的作用在于唤起一种对立，反对别人或自己之前说过的内容。他们举了一个这样的例子：

（1）Humanity is *in fact* absent.（人文其实是缺失的）

他们指出，in fact 对所在句子的真值条件没有贡献，但具有程序意义（procedural meaning），表达了说话者/作者对命题“人文是缺失的”强烈信念，同时引进另一层意思，即对诸如“人文不是缺失的”或“人文是存在的”这样的观点的反对。他们把反预期标记视作话语标记的一类，其成员还包括 indeed、certainly、really、in truth、truly、actually 等。（Traugott & Dasher，2002：157 - 158）

吴福祥对反预期标记的定义十分简洁，他（2004）认为很多语言常常用一些专门的语法手段来标示反预期信息，这类语法手段就叫作反预期标记。把反预期标记限定于语法手段说明吴福祥对标记持狭义的理解，这点与 Heine et al. 不同，因而吴福祥的反预期标记不包括语音标记。

吴福祥的标记似乎仅限于语法词，而不包括语序、结构式等其他语法手段。他称，除反预期标记，有些语言还利用语序或结构式等句法手段来表达反预期信息。他认为英语的“X instead（of）Y”这类替代性结构式跟反预期标记一样，也具有表达反预期信息的功能，汉语的“X 不比 YZ”也是一种表达反预期信息的结构式。（吴福祥，2004）

Heine et al. 和 Traugott & Dasher 的定义比较接近，而吴福祥的定义似乎是前者定义的一个子集。本书认为反预期标记是自然语言中表达反预期语法范畴的语法形式，包括语音、词、短语和结构式等多种形式。下一节将首先概括现有研究中被认为是反预期标记或具有反预期表达功能的语法形式，然后根据已有定义判断其是否属于反预期标记。

二　哪些不是反预期标记

目前还没有学者逐一列举汉语的反预期标记，而且也没有必要这样做。因为在某种程度上，反预期标记可以视为一个开放类。但是这不妨碍本书对什么是或不是汉语反预期标记作出判断。以下是收集到的被认为具有反预期表达功能的语法形式：

并、还、也、反而、甚至、倒、反倒、竟然、居然、偏、偏偏、其实、事实上、实际上、但是、可是、却、然而、而、不过、不料、不想、谁知（道）、没想到、没料到、哪料、哪想、岂料、岂知、别说、别看、啊、X 比 Y 还 W、X 不比 YZ、宁可……也、再 X 也 Y、早不 VP，晚不 VP、哪里是、而是、连……也/都、虽然、怎么。

其中，有的明确称为反预期标记，如“反而、反倒、居然、竟然、偏偏、其实、实际上、不料、没想到、事实上、但（是）、可（是）、不过、然而、而、并、还、别看、别说、虽然”（吴福祥，2004；刘焱，2009；孙洪威，2013；季承，2011；齐沪扬、胡建锋，2006；张健军，2012）。有的称为反预期构式，如“早不 VP，晚不 VP”（管志斌，2011）、“哪里是 A，而是 B”（易正中，2013）；其余的承认某结构具有反预期表达功能，未给它一个名称或叫其他名称，前者如“也”（张云峰，2008）、“倒”（周红，2006）、“还”（唐敏，2009；武果，2009）、“连……也/都”（袁毓林，2006）等，后者如焦点算子“甚至、反而”（袁毓林，2008）、话语标记“谁知”（胡德明，2011）、“不料、没想到、没料到、哪料、哪想、岂料、岂知”（曹秀玲、辛慧，2012）等。

上述例子哪些属于本书的反预期标记，哪些不属于呢？Heine et al.（1991：192）曾指出反预期标记的两个属性：

1. 它们的使用隐含了被断言的情形与特定语境里被预设、预期的情形或者被认为是常规的情形之间的一种对比。

2. 前者与后者相背离，反预期标记的主要功能是将这个断言与所预设或预期的世界以及常规联系起来。

简而言之，反预期标记将句子的断言与预期联系起来，由于被断言的情形与预期的情形相反因而形成反预期意义，反预期标记就是将这个反预期意义标示出来的语法手段。比如：

（2）天色渐黑，游人反而多了一些，大家都赶来参加平安夜的午夜弥撒。（孙楠，2012）

（3）事情过了才几天，他居然忘了。（季承，2011）

（4）临来大陆时，有人告诫我，说大陆人说话都是吞吞吐吐，模

棱两可，顾左右而言他，所以我做了充分的准备。没想到大律师倒是这样的快人快语，一针见血。（曹秀玲、辛慧，2012）

例（2）的“反而”是反预期标记，它连接的断言部分“游人多了一些”与上文“天色渐黑”形成的预期“游人减少”相反，通过“反而”标示出该断言的反预期性。例（3）情况相仿，“居然”是反预期标记，它所在句的断言“他忘了”与前句“事情过了才几天”形成的预期“不会忘”相反，通过“居然”标示出该断言的反预期性。例（4）的“没想到”被作者称为超预期话语标记，其实也是反预期标记，因为“没想到”连接的断言“大律师是这样的快人快语，一针见血”与前文“大陆人说话吞吞吐吐，模棱两可”的预期直接相反，标示了该断言的反预期性。

判断一个语言形式是不是反预期标记需要注意两点：①该语言形式连接的断言是否与某个特定预期相反；②该语言形式不能是断言命题内容的一部分。不注意这两点就可能把不是反预期标记的形式当成反预期标记。比如下面这句话：

（5）她虽然年近八十，脑瓜并不糊涂。

（齐沪扬、胡建锋，2006）

齐沪扬、胡建锋（2006）认为上句中的“虽然”是一个反预期信息标记，他们的解释是，对年近八十的一般社会预期信息是“脑瓜糊涂”，但事实是“脑瓜不糊涂”，这就与一种常规的情形相背离。那么该句中的反预期标记真的是“虽然”吗？本书不这么认为。“虽然”连接的断言是“她年近八十”，这是一个客观情况，但是找不到与这个客观情况相反的某个预期（比如“她其实不到70岁”），因此该断言并没有与哪个预期相反，“虽然”不是反预期标记。其实，该句真正的反预期标记是“并”，“并”所连接的断言“脑瓜不糊涂”与前文“她年近八十”形成的预期“脑瓜糊涂”相反，标示的是“脑瓜不糊涂”这个反预期信息。齐沪扬和胡建锋的解释是正确的，但他们找错了反预期标记，原因就在于没有注意反预期标记连接的应该是与某个特定预期相反的断言。基于同样的理由，“别看”也不是反预期标记。

(6) 这汽艇别看它小，却开得挺快。 (刘焱，2009)

刘焱（2009）认为上句中说话人认为“汽艇小”，应该开不快，实际上却开得很快，与预期相反，因此“别看”是反预期标记。其实该句真正的反预期标记是“却”，理由同上。

管志斌（2011）认为“早不 VP，晚不 VP”是一种反预期主观化表达的修辞构式，比如：

(7) 我就觉得奇怪，徐义德早不要这笔垫款，晚不要这笔垫款，偏偏现在要这笔垫款，这里面一定有鬼。

那么他所说的构式是不是本书要研究的反预期标记呢？本书认为也不是，因为“早不 VP，晚不 VP”句的预期是“要么早 VP，要么晚 VP”，“早不 VP，晚不 VP”通过否定词“不”直接否定了该预期，也就是说这个结构本身已经表达了反预期信息，而不是通过某一个标记“标示”出来的。其实，例（7）中的反预期标记应该是“偏偏”，因为它所修饰的断言“现在要这笔垫款”与预期“要么早点要垫款，要么晚点要垫款”相反。与此类似的结构还有“X 不比 YZ”和“哪里是 A，而是 B”，这些都是结构本身已经表达了反预期信息，因此可以说具有反预期表达功能或者说表反预期构式，但不属于本书的反预期标记。

另外，宗守云（2011）指出“X 比 Y 还 W”是用来表达反预期信息的构式，他称“还”是反预期标记，有主观性反预期义，而“比”字句本身又是用来表示比较的句子，因此“X 比 Y 还 W”的构式意义是反预期比较。构式的一个显著特征是其形式和意义的某些方面并不能从构式的组成成分或已经确立的构式中精确地预测出来（Goldberg，1995：4）。据此，“X 比 Y 还 W”应该都不能算作构式，而其反预期表达功能其实正如宗守云自己指出的那样，是由反预期标记“还”带来的。

综上，上文总结的具有反预期表达功能的语法形式中，除了“别看、虽然、X 不比 YZ、X 比 Y 还 W、早不 VP，晚不 VP、哪里是 A，而是 B”外，其他都是本书所说的反预期标记。

第二节　反预期标记的特征

反预期标记是从语用角度分出的一个功能类，其语用功能就是标示话语中某一信息与言者或听者的预期相反，具备这一功能的语法手段就是反预期标记。根据上文的探讨筛选得到35个反预期标记。下面从语音、语义和句法三个角度分别论述这些反预期标记的非重读性、主观性/程序性和多样性等特征。

一　非重读性

反预期标记标示的是反预期信息，从信息的新旧角度而言是新信息，就信息的重要性程度而言是说话人最想引起听话者注意的部分，往往是句中焦点所在，可能是自然焦点也可能是对比焦点，比如：

（1）没吃药，这病倒好了。　　　　（《现代汉语八百词》，2007）

（2）连桌子底下我都找了。　　　　（方梅，1995）

例（1）的反预期信息“好了”位于句末，是句子的自然焦点。例（2）的反预期信息“桌子底下”是对比焦点，是对比项里最极端的一个（方梅，1995）。焦点最重要的表现形式就是重音，有关焦点的定义里重音是一个十分重要的界定标准，自然焦点和对比焦点的划分就是基于自然重音和对比重音。通过语调重音定义焦点在功能学派和形式学派之间是共通的。Hilliday（1967）指出语调重音最显著的位置就是焦点，Chomsky（1971）在讨论深层结构和表层结构与句子语义解释的关系时也指出焦点是包含语调中心的词组。也就是说，反预期标记标示部分往往是焦点所在需要重读，那么反预期标记本身就不能重读。如例（1）的“倒”不能重读；例（2）的“连”自身也不带对比重音（方梅，1995）。反预期标记不重读在下面几个例子中表现得更为清楚：

（3）雪下得'还挺大。

（4）雪下得还挺'大。

例（3）假设如下语境：已经下了一段时间的大雪（并且你知道这一情况），这时你推开窗户发现雪仍然下得很大，于是你告诉同伴“雪下得还挺大”，重音落在“还”上，表示“雪下得挺大”的情况依然持续，这里的“还”没有反预期表达功能。例（4）的情况略有不同，假设有人告诉你外面下雪了，但没告诉你有多大，这时你推开窗户发现雪下得比你预期的大，于是你感叹“雪下得还挺大”，重音落在“大”上，“大”是新信息，与预期不符，“还”不能重读，是反预期标记。武果（2009）曾指出客观持续义的“还”是修饰谓语的，而持续的前提是某事态已经存在，所以一般谓语不重读，而“还”要重读；重读的“还”表示持续。主观性反预期义的“还”表示的是说话人自己对话语的态度，即对事态在所说条件下持续感到意外。因此，话语的内容信息度高，需要重读；“还”不能重读。

又如下面这两句：

（5）王利发：哎哟，秦二爷，您怎么这样闲在，会想起下茶馆来了，也没带个底下人。

（6）王利发：哎哟，秦二爷，陆三爷没带个底下人，您'也没带个底下人来，您俩这是约好的吗？

例（5）摘自老舍《茶馆》中的对白，“也”是反预期标记，连接成分“没带个底下人”与王利发的预期（秦二爷出门应该带下人）相反，“也”要轻读。对例（5）稍作修改得到例（6），“也”表示类同，可以重读，即秦二爷没带底下人与陆三爷的情况一样，这里的“也”就不是反预期标记。学界通常把例（5）的“也”称为“语气副词”，例（6）的“也”为“关联副词”。陈鸿瑶（2010）发现这两种“也”在一定的语境下都可以参与表达反预期信息。区别是作为关联副词的“也”字既可轻读也可重读，语气副词“也”在自然语流中只能轻读。

二 主观性和程序性

反预期标记具有主观性和程序性这两个语义特征。“主观性”是指说话人在说出一段话的同时表明自己对这段话的立场、态度和感情，从而在话语中留下自我的印记（沈家煊，2001）。反预期标记表达的是言者对所述命题的情感态度，因此具有主观性。反预期标记的有无和不同会导致句子主观性的强弱不同，比如：

(7) 雨停了。

(8) 雨居然停了！

(9) 哎呀，雨停了！

例（7）只是客观地报道“雨停了”这一事件，说话人并没有表现自己的主观态度。例（8）和例（9）使用反预期标记“居然”和“哎呀”，除了表示“雨停了”这一事件外，还表达了说话人对该客观事件的惊讶态度。与例（7）相比，例（8）和例（9）因有反预期标记而具有主观性。进一步看，例（8）的反预期标记是副词，修饰谓语动词“停”，例（9）为叹词，修饰整个小句“雨停了”，例（9）比例（8）的主观性更高。关于反预期标记的主观性在第四、五、六章的相关部分会有详细的分析和说明，此处不再展开。

与主观性相关的另一特征是反预期标记语义的程序性。所谓程序性，是指反预期标记表达的是程序意义（procedural meaning）。程序意义是与概念意义（conceptual meaning）相对的。概念意义是语言符号编码的概念表征，关注的是话语传递了什么样的信息，即回答的是“什么”。程序意义是有关如何处理这些概念表征的信息，即回答的是“如何”。Rouchota（1998）认为概念意义和程序意义的区分反映了表征与运算的认知差别。编码概念意义的语言形式影响断言（assertion）的内容，它构成概念表征成分。编码程序意义的语言形式则是表示如何在推理中运用和处理这些概念表征。通俗地讲，概念意义是一、二、三、四等运算项，程序意义则是加减乘除等运算法则，程序意义引导听话人对话语理解的方向，在处理话语的命题意义、语义信息时起语用制约作用，使话语理解更确切。

参考这个标准，本书认为反预期标记基本没有概念意义，但具有程序意义，比如：

(10) 经过这场大病，他的身体比以前反而好了。（《现代汉语八百词》，2007）

(11) 这道题别说学生不会，就是老师也不会。（孙洪威，2013）

（12）有些人真是胆大妄为，连熊猫都敢吃。（王远明，2008）

例（10）—（12）的反预期标记分别是词“反而”“别说”和结构式“连……都”。它们均不影响所在句子的真值条件意义，即句子的真假与反预期标记无关。例（10）只要“经过这场大病”和“他身体比以前好了”为真，句子就为真，“反而”对句子的真值条件没有贡献。剩下两例也可如此分析。反预期标记不影响句子的真值条件意义，因此没有概念意义。另一方面，反预期标记标示了说话人对其所言的态度，听话人根据这个态度可以更好地理解说话人的意图，体现了引导听话人对话语理解方向的作用，因而又具有程序意义。如例（12），如果没有反预期标记“连……都”，那么“有些人胆大妄为”和“敢吃熊猫”之间的关系就不明确了，在理解时存在多种可能：“敢吃熊猫”可能是“胆大妄为”的原因（有些人真是胆大妄为，因为敢吃熊猫），也可能是结论（有些人真是胆大妄为，所以敢吃熊猫），还有可能是说明关系（有些人真是胆大妄为，连熊猫都敢吃）。反预期标记“连……都”说明有些人胆大妄为的程度已经超出了预期，是对前句的说明，这就制约了听话人理解的方向，具有程序意义。

三　多样性

反预期标记的多样性体现在两个方面：①来源的多样性；②形成机制的多样性。从来源看，反预期标记是就语言形式的功能而言的，与语类并不具有对应关系，副词、连词、感叹词和一些插入语性质的短语等都可以具有反预期标记的功能。如表 3－2 所示，我们按语法单位总结了已有的反预期标记：

表 3－2　汉语反预期标记的语法单位

语法单位		数量	成员
词	副词	13	并、还、也、反而、甚至、倒、反倒、竟然、居然、偏、偏偏、其实、却
	连词	13	但是、可是、然而、而、不过、不料、不想、谁知、哪料、哪想、岂料、岂知、别说
	语气词	1	啊
短语		4	没想到、没料到、事实上、实际上
结构式		3	宁可……也、再 X 也 Y、连……也/都

由表3-2可知，反预期标记句法形式多样，可以是词、短语或结构式，但以副词和连词为主，约占76%，印证了吴福祥（2004）提出的“人类语言中最常见的反预期标记是像副词、连词这样的语法词”的观点。

与来源多样性相关的是反预期标记句法位置的多样性，反预期标记在句中的位置因句法形式而异，可以出现在句首、句中和句尾三个位置。连词如“不料、别说、但是、可是”等多位于句首；副词如“并、还、也、甚至、居然、偏、偏偏”等多位于句中，也有主要出现于句尾的，如语气助词“啊”。总体而言，以位于句首和句中为多。

反预期标记的形成、演变也体现出多样性和复杂性，与词汇化和语法化密切相关。反预期标记可以是词汇化的产物，连词和短语反预期标记多由相应的句法结构词汇化而来，如“哪知道”，在第六章会有详细分析；也可以是语法化的结果，许多副词反预期标记的产生就经历了语法化的过程。比如反预期标记“还”是由古汉语中表示“往来”“返回”的动词“还”发展而来。“还”的语义演变经历了三个阶段：第一阶段（5—6世纪），从“返回原处”>“回到原来情状”>“情状（动作/状态）重复”；第二阶段（7—9世纪），从“情状重复”义先后分别发展出两种意义，“语篇意义上的添加、递进”义（7世纪）与“情状持续”义（8世纪）；第三阶段（10—16世纪），从“情状持续”义先后分别发展出四种用法：①与“是”连用：“还是”（10世纪）；②与预料相反（14世纪）；③程度浅（16世纪）；④比较用法（16世纪）（Yeh，1998：251）。武果认为这三个阶段伴随着“还”逐渐语法化和主观化的过程。副词“并”“也”“倒”等也是通过语法化和主观化发展出反预期义。已经语法化和词汇化的反预期标记还可以进一步语法化，比如“但是”（详见第七章的分析）。

四 反预期标记特征小结

反预期标记具有非重读性、主观性和程序性，其形成过程与词汇化和语法化密切相关，有的是词汇化的产物，如“哪知道”（详见第六章），有的则是语法化的结果，如“还”等副词；反预期标记还可以进一步语法化，如“但是”（详见第七章）。反预期标记的性质特点按语言描写的不同层面总结如下：

（Ⅰ）语音上，反预期标记一般不重读。

（Ⅱ）语义上，反预期标记的概念意义很少或基本没有，不影响所在句子的真值条件，但具有程序性和主观性。

（Ⅲ）句法上，反预期标记形式多样，有词、短语和结构式，但以副词和连词为主，可出现于句首、句中和句尾，形成过程受到词汇化和语法化的作用。

（Ⅳ）语用上，反预期标记用以标示话语中某一信息与言者或听者的预期相反。

第三节　反预期标记的分类

一　分类标准

反预期标记是表达反预期范畴的语法形式，但对这类标记如何再分类大家的认识还比较模糊，目前学界对反预期标记的研究以个案分析为主，很少涉及其分类问题。为了使研究进一步深入，本书认为有必要对反预期标记进行分类。

本书对反预期标记的分类采取连续划分的方法，每次分类按照一个标准进行。先根据反预期标记出现的句子类型分为疑问类反预期标记和非疑问类反预期标记，前者只能出现在疑问句，不能出现于其他三种句类，后者则没有这个限制。对于非疑问类反预期标记，再根据其构造特点分为否定类和非否定类，否定类反预期标记含有否定义语素如“不”“没”“别”或疑问代词的否定用法，非否定类标记一般是肯定形式。再根据非否定类标记在句中的功能将其分为转折类和语气类，前者连接两个具有转折关系的分句，后者在句中具有表达语气的功能。具体划分步骤如图 3－1 所示。

如此，通过三个步骤将现代汉语反预期标记分为四类：疑问类、否定类、转折类和语气类，前两步划分采用结构标准，第三步划分采用功能标准。每类的详细解释和成员说明参看下文。

二　分类结果

（一）疑问类反预期标记

疑问类反预期标记只能出现于疑问句中，是疑问句不可或缺的构成成

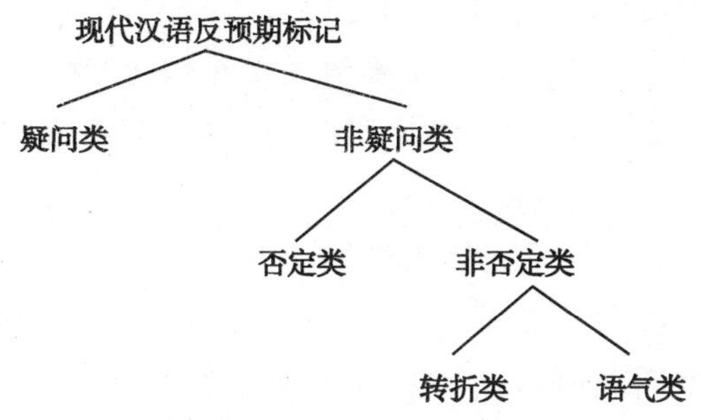

图 3－1 现代汉语反预期标记分类

分，具有不可删除性（不包括疑问代词位于句首且与后句之间有停顿的情况，如“怎么，你不相信我吗?”），成员包括疑问代词“怎么”、疑问结构“就/只/是/没/不……吗”等。当实际情况与预期不符时，一种常见的反应就是质疑，主要表现为询问这种与预期不符的情况发生的原因。比如甲告诉乙自己明天要去外地，然而第二天乙在办公室看见了甲，于是乙很自然就会问甲“你怎么没去外地?”这里“怎么”就是反预期标记，标示了“没去外地”这个与预期（“去外地”）相反的信息。再如，公司发年终奖，某员工预期能拿到 1 万元，可实际发给他的只有 5000 元，该员工可能会说“就 5000 元吗?”表达其反预期态度。

（二）否定类反预期标记

否定类反预期标记在形式上由否定义语素和心理动词构成，是对心理预期的否定，属于词语否定，对其所在句子不起否定作用。构成否定类反预期标记的心理动词主要是“料”“想”和“知（道)”三个。其否定义语素可分为两类，一类是“不、没”等否定词，如“不料、不想、没想到、没料到”；另一类则以疑问代词“谁”“哪”“怎”“岂”的非疑问用法表示否定，如“谁知（道)、哪料、哪想、岂料、怎知”。这类反预期标记一般连接两个分句，其成员在其他研究中也被视作话语标记。

（三）转折类反预期标记

转折类反预期标记连接两个具有转折关系的子句，该类标记成员主要有转折副词如“却”“其实”，转折连词如“但是、可是、不过、然而”；具有转折义的短语如“实际上、事实上”和转折关系句如“再 X 也 Y、宁可……也”等。转折关系背后的心理动因是与人们的预期相反，即吕叔湘先生所谓的甲事在我们心中引起一种预期，而乙事却轶出这个预期，由甲事到乙事不是一贯的，其间有一转折。丁志丛（2008）指出，一个转折关系语段是否成立，关键是看主要语段是否轶出对照语段的预期。因此转折关系的实质是反预期，反预期可以通过转折关系来表达。

（四）语气类反预期标记

这类标记在句中主要起表达语气的功能，通过语气来表达与预期相反的主观态度。语气表示的是说话人对所述命题的情感和态度（温锁林，2001：175），反预期表达的也是说话人对命题的态度，两者具有相通性。语气是反预期的常见表达手段之一，如“惊讶、诧异、责备、提醒”等语气（不包括狭义的句子语气，如陈述、祈使、感叹、疑问）。语气类反预期标记的成员包括语气副词、语气助词和叹词，比如“倒、反倒、反而、居然、竟然、偏偏、偏、并、也、还、连……也/都、甚至、啊”等。

本书把反预期标记分为语气类、否定类、转折类和疑问类四种，每类反预期标记在结构和功能上具有相似性，本书认为这体现了人类表达反预期情感态度的四种基本手段。这四类反预期标记及代表成员如图 3－2 所示：

语气类：并、还、也、甚至、竟然、居然、偏、偏偏、啊、倒、反而、反倒、连……也/都
否定类：不料、不想、没想到、没料到、谁知（道）、谁料、谁想、哪知、哪料、哪想
转折类：但是、可是、不过、然而、却、其实、实际上、事实上、再X也Y、宁可……也
疑问类：怎么、什么、“就/只/是/没/不……吗”、“不会是/该不是/别不是/别是……吧”

图 3－2　现代汉语反预期标记次类及成员

需要指出的是，上图并没有穷尽所有的反预期标记，每类成员随着研究的深入以后还可能增加。

第四节　反预期标记的功能

反预期标记的功能是什么？以往研究只给了一个简单的说明：将断言与所预设或预期的世界以及常规联系起来（Heine et al.，1991），标示反预期信息（吴福祥，2004）。这样的说明过于笼统，显然是远远不够的。本书认为，在话语中，反预期标记至少具有三个功能：①信息提示；②语

用制约；③促进语篇连贯。

一　信息提示

（一）触发隐含义

隐含义（implicature）是语用学的一个重要概念，最早由 Grice 于 1967 年在哈佛大学威廉·詹姆士讲座中提出，后收入他的《言辞用法研究》（*studies in the way of words*）一书中。Grice 所说的隐含义包括规约含义（conventional implicature）和会话含义（conversational implicature），隐含义和明说（what is said）一齐构成了说话人意义（speaker meaning）/非自然意义（non－natural meaning），其结构关系如图 3－3 所示：

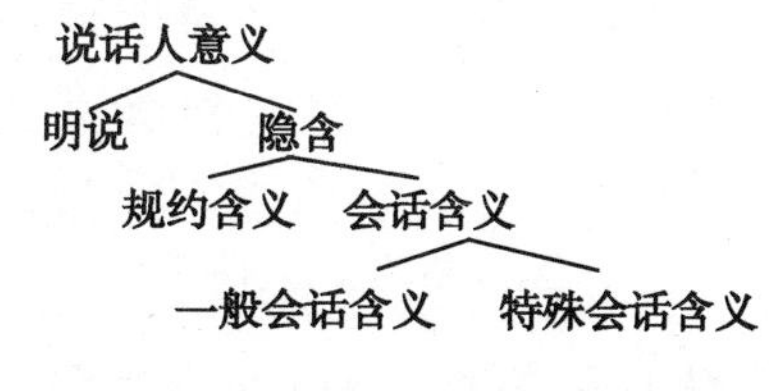

图 3－3　意义的类型

Grice 在分析规约含义时举的例子是“He is an Englishman；he is，therefore，brave（他是个英国人，因此他很勇敢）”。这句话的一个隐含义是“他勇敢，是因为他是英国人”，这个含义来自“therefore”这个词，它的固有含义是表明其前后连接的两项中，前项是后项的原因。跟这句话的真值条件无关。因为只要“这个人是英国人”为真且“他很勇敢”也为真，整个命题就是真的。同时，“therefore”带来的规约含义也是不能取消的，比如我们不能说“他是英国人，因此他很勇敢，但是英国人都不勇敢”。类似的例子还有如下几个（下面用“＋＞＞”表示规约含义）：

（1）p but q ＋＞＞ p 与 q 对立

John is poor but he is honest. 约翰很穷但是他很诚实。

（2）Even p＋＞＞与预期相反

Even his wife didn’t think that John would win the by－election.

甚至他的妻子都不认为约翰能够赢下递补选举。

（3）p moreover q ＋＞＞ q 是对 p 的添加

Xiaoming can read German. Moreover, he can write poems in the language.

小明能看懂德语，此外，他还能用德语写诗。

（4） p so q + > > p 是 q 的原因

Mary is taking Chinese cookery lessons, so her husband has bought her a wok.

玛丽在学中国菜烹饪课，所以她的丈夫给她买了一个锅。

（Huang，2009：54—55）

我们认为，反预期标记的意义属于 Grice 所说的规约含义，规约含义具有如下特性：①不具有真值条件意义，不是明说的一部分；②不是通过合作原则推导出来的意义，而是特定词汇和语言结构固有的规约意义；③不可取消性，即不能被否定；④可分离性，因为它们依靠所使用的特定语言结构（该结构不存在，该意义也就消失了）；⑤规约含义一般不具有语言普遍性，会话含义具有普遍性（Huang，2009：57；姜望琪，2003：75）。第一个特性是规约含义和会话含义的共同特征，特性②—⑤是规约含义区别于会话含义的部分，正是在这个意义上，Levinson（1983：127）把规约含义定义为非真值条件推理，不是根据格赖斯准则那样的语用原则推导出来的，只是根据常规附属于某些特定词语或表达式的。

反预期标记的语义特征也符合上述①—⑤条，比如：

（5） 反而 + > > 出乎预料或常情

a. 下了一天雨，天反而更热了。

b. 微弱的电流通过人体时不仅无害，反而有益。

（6） 居然 + > > 出乎意料

a. 他居然会做出这种事情来。

b. 上千年的古莲子居然会发芽，这是中国科技工作者发现的奇迹。

（7） 还 + > > 表示不寻常，没想到如此，居然如此

a. 这么高的山，他还爬上去了。

b. 你还大学生呢，这个字都不认识。

（8） 不料 + > > 没想到，没有预先料到

a. 春天随便栽了几棵杨柳，不料都活了。

b. 总以为他要反对的，不料他同意了。

上例的规约含义均摘自词典对相应词语的释义，这些意义对所在句子的真值条件没有影响，比如（5a）只要“下了一天雨”为真且“天更热了”也为真，那么命题“下了一天雨，天反而更热了”即为真。含义能在词典释义中找到说明已经成为固有的规约意义。同时该含义不能被取消，比如（6b）不能说“上千年的古莲子居然会发芽，这一点都不出乎意料”。

Grice 把话语意义分为明说（what is said）和隐含（what is implicated），并主要研究合作原则对隐含特别是会话含义的解释作用而忽视对“明说”研究的做法遭到一些研究者的诟病。Sperber 和 Wilson（2008）认为 Grice 忽视了语用因素对理解“明说”的作用，比如相关逻辑式的充实问题，Grice 把这种情况处理为隐含，即规约含义，Sperber 和 Wilson 不认为存在 Grice 意义上的规约含义，他们把规约含义也归为明说的一类。为了强调语用推理在理解明说内容中的重要作用，Sperber 和 Wilson 创造了一个与 Grice 的“隐含”（implicature）相对应的概念——直显/显义（explicature），Grice 的规约含义在关联理论视角下被视为显义。所谓直显是指一个被 U 编码的逻辑式的扩展式（Sperber，Wilson，2008：242），即对一个话语所编码的不完整的语义表征或逻辑式的推理扩展（Huang，2009：189）。关联理论认为语义表征或逻辑式在许多方面是不完整的：不仅因为它们含有像代词那样的不确定指称表达式，还因为它们含有意义不完整的成分，如“太”“一点时间”，或是领属结构。复原语句显义的第一步是将残缺的逻辑式扩展成命题式，然后才能确定显义。命题式的确定需要经过三个步骤：解歧、指称指派和语义充实，这三个步骤都有语用推理的参与。

与显义相对的是隐义（以区别 Grice 的“含义”，英文均为 implicature）。任何在交际中传递的定识，如果不是直显交际所传递的，那就是隐寓交际所传递的：与之相关的定识就属于隐义（Sperber，Wilson，2008：243）。隐义的复原与显义复原的不同之处在于后者既有语言解码又有语用推理而前者只有语用推理。Sperber 和 Wilson 指出要区分两种隐义：隐义前提和隐义结论。前者须由听者自供，听者必须从记忆中调取前提，或是从记忆中调取定识图式，对其加以扩展，从而构建前提。后者根据语句的显义和语境而推演得出（Sperber，Wilson，2008：259）。

大体而言，关联理论下的理解过程由三个步骤组成：

1. 通过语言解码、消歧、指称指派、语义充实等复原话语恰当的直显内容。

2. 构建有关隐义前提的恰当假设。

3. 构建有关隐义结论的恰当假设。

下面以几个反预期标记为例说明其所在话语的理解过程及暗含的隐义：

(9) 从杯名到队名，甚至运动员个人，都可冠以“某某啤酒”或“某某家具”。（袁毓林，2008）

要理解例（9）首先对其解码，解码过程中看是否有歧义内容，比如“杯名”中的“杯”是指“水杯”还是“奖杯”？通过后续的“队名”“运动员”确定应该是“奖杯”，然后对“都”进行指称指派，“都”分别指向“杯名”“队名”和“运动员个人”，接着充实“冠以某某啤酒或某某家具”的语义为“冠以某个啤酒或家具品牌的名字”从而复原例（9）话语的直显内容为“奖杯名称可以冠以某某啤酒或者家具品牌的名字，队伍名称可以冠以某某啤酒或者家具品牌的名字，突出的是，运动员个人也可以冠以某某啤酒或者家具品牌的名字”。至此，步骤 A 完成，进入步骤 B，从大脑的百科知识中调取恰当的隐义前提：一般而言，体育比赛中的奖杯和队伍名称冠以某个品牌的名字较为常见，这属于社会共享的百科知识，由听者自供，然后结合语句的显义“不但奖杯、队伍名称用某个品牌冠名，甚至运动员个人也用某品牌冠名”推演出隐义结论：不合常理，体现出言者惊讶或不满的态度。

表示与社会共享预期相反时隐义前提一般就是该社会共享预期，其隐义结论往往表现言者惊讶、不满的态度或突出其极端性，比如：

(10) 好心帮助他，反倒落下许多埋怨。

(11) 为了地球上的所有人类，美国人开始和外星人战斗，战争打得惨烈而悲壮，连美国总统也架着战斗机前来助阵。

(12) 他说，现代人比较忙，往往宁可在家吃便饭也不太愿意跑出去吃大餐。

例（10）的反预期标记是“反倒”，该句的隐义前提是作为社会共享预期（百科知识）储存在言者和听者大脑里的“帮助他人会得到感谢”，而该句的显义是“帮助他人得到了埋怨”，两者形成反差，得到隐义结论：言者对此感到惊讶或不满。例（11）反预期标记是“连”，该句隐含的前提是“总统一般不会开飞机去打仗”，这个前提也是为听说双方所共享互知的，而该句显义是“美国总统开着战斗机来助阵”，从而推导出“战争惨烈的极端性”这一隐含结论。例（12）的反预期标记是结构式“宁可……也”，该句的隐义前提是“与吃便饭相比，一般人更愿意吃大餐”，而显义是“现代人更愿意吃便饭而不是大餐”，结合“吃大餐耗费的时间多于吃便饭”的常识，推导出“现代人忙的极端性”。

表示与说话人或听话人预期相反时一般没有隐义前提，只有隐义结论——言者或听者的预期，比如：

（13）他竟然不记得我的名字了。

（14）上海并不比北京宜居。

（15）你还真有办法！

例（13）的显义是“我对他（某个特指的人物）不记得我的名字感到惊讶”，其隐含义就是言者的预期“我认为他应该记得我的名字”。例（14）和例（15）的隐义分别是“有人说/听者认为上海比北京宜居”和“我（言者）以为你（听者）没有办法”，这两个隐义各自是听者和言者的预期。

反预期标记触发的隐义也有强弱之分，Sperber 和 Wilson（2008：265）认为语句的隐义和一般的定识一样，在力度上可以有强有弱，力度最强的隐义是那些完全确定的前提或结论，这种隐义在实际交际中必须推出，才能保证有关的解释符合关联原则，对此言者承担全部责任。而最弱的隐义是指听者没有收到任何怂恿，所得到的前提和结论纯属自供，且听者对此自负全部责任。比如：

（16）使他们大感意外的是，在县里，他们遇到的竟然全是冷冰冰的面孔。

（17）a 他们不认为在县里会全遇到冷冰冰的面孔。

b 他们不喜欢遇到冷冰冰的面孔。

c 他们要离开县里

……

例（16）可以产生如例（17）所示的一系列隐义，其中（17a）是最强的隐义，其真实性得到言者最强有力的保证，是听者在复原言者的交际意图时必然能够确定的结论。（17b）的隐义没有（17a）那么强，因为言者并没有提供同样强烈的证据表明他们对遇到冷冰冰的面孔感到不高兴。但是另一方面，如果认为言者在说（16）时并没有怂恿听者认为“他们不喜欢遇到冷冰冰的面孔”这个隐义的话也是不合情理的。毕竟与自己的预料相反通常不是什么令人高兴的事（特别当预料的是积极方面的时候）。然而（17c）则可视为较弱的隐义，因为其结论是不确定的，也不是复原言者交际意图时必要的内容，其真实性完全由听者自负。根据关联的交际原则，在遇到第一个满足关联期待的解读时，理解即告停止，因此听者往往在推出（17a）后就不会再继续推导（17b）和（17c）了，因为这意味着付出更多的认知努力而真实性又得不到保证。

综上，反预期标记触发的隐含义包括隐义前提和隐义结论。表示与社会共享预期相反时隐义前提一般就是该社会共享预期，隐义结论往往表现为言者惊讶、不满的态度或突出其极端性；表示与说话人或听话人预期相反时一般没有隐义前提，只有隐义结论——言者或听者的预期。话语通过反预期标记的运用获得了更多的言外之意。

（二）凸显焦点信息

焦点（focus）是一个句子中在意义上比较突出的部分，是说话人希望听话人格外注意的部分。从信息包装的角度看，说话人通常把上文已经交代过的已知信息用话题来包装，把比较重要的新传信息用焦点来包装（袁毓林，2003）。不同学者和学派对焦点的理解各不相同，因而各家对焦点的定义也不尽相同。Jackendoff（1972：230）把焦点定义为说话者假定听话者不与之共享的信息；Halliday（1967：204）认为“语调重音最显著的位置”就是焦点；徐烈炯（2004）指出，常规焦点的默认位置是递归方向内嵌最深的位置，汉语作为典型的 VO 型语言，内嵌方向意味着这一位置就是句末位置。以上三个观点分别代表了焦点界定的信息标准、重音标准和句法标准。无论以哪种标准来看，反预期标记所修饰的成分都符合焦点的定义：反预期标记标示的是与说/听话人预期相反的信息，自然不与听话者共享，符合信息标准；反预期标记修饰成分往往需要重读，符合重音标准；相当一部分反预期标记修饰的成分位于句末，符合句法标准。

对焦点的分类有多种方法，最常见的是按照焦点所带重音类型分为常规焦点和对比焦点两类。前者带自然重音，通常位于句尾，因此也叫句尾焦点；后者带对比重音，可位于句中任何位置，不具有可预测性，说话人用语流中最强的对比重音加以凸显（张黎，1987；方经民，1994；温锁林、贺桂兰，2006）。方梅（1995）认为两者的根本差别在于预设的不同：如果句子的预设是“有 X”，整个句子要说明这个 X，这时候，焦点成分是呈现性的，属于常规焦点；如果说话人预设听话人认为某事是 A，而实际应该是 B，说话人说出这个句子的目的在于指别“是 A 而非 B”，这时句子的焦点成分就是对比性的，属于对比焦点。

Lambrecht（1994）根据焦点与句法成分的关联情况把焦点分为谓语焦点、句子焦点和论元焦点，分别与句子谓语、整个句子及句中某一成分相关联，从而构成不同的焦点结构。谓语焦点以句子的谓语部分做焦点，通常用来评论话题，主语属于预设的部分；句子焦点以整个句子做焦点，用来报道事件或引进新的话语所指对象，句中没有预设；论元焦点仅以句子中的某一个论元做焦点，用来确定一个所指对象，句子的其他部分都属于预设的范围。谓语焦点、句子焦点和论元焦点的例子如下：

a. 谓语焦点

A：What happened to your car?（你的车怎么了）

B：My car/It broke DOWN.（我的车坏了）

b. 句子焦点

A：What happened?（发生了什么事）

B：My CAR broke down.（我的车坏了）

c. 论元焦点

A：I heard your motorcycle broke down?（我听说你的摩托车坏了）

B：My CAR broke down.（是我的车坏了）

（Lambrecht，1994：223，略有修改）

上述三种焦点的差异可用它们的信息结构来表示，信息结构由预设、断言、焦点和焦点域四部分构成，上述答语的信息结构分别表示为（a'）（b'）（c'），如下：

（a'）句子：我的车坏了
预设："说话人的车可以作为陈述 X 的话题"
断言："X = 坏了"
焦点："坏了"
焦点域：动词词组

（b'）句子：我的车坏了
预设：无
断言："说话人的车坏了"
焦点："说话人的车坏了"
焦点域：整个句子

（c'）句子：我的车坏了
预设："说话人的 X 坏了"
断言："X = 车"
焦点："车"
焦点域：名词词组 （Lambrecht，1994：226—233）

Lambrecht 的谓语焦点和论元焦点基本对应于常规焦点与对比焦点，本书将主要采用 Lambrecht 提出的分类体系，也会参照常规焦点、对比焦点等常见的焦点名称。反预期标记凸显的焦点包含 Lambrecht 提出的三种类型。常位于句首的反预期标记如"不料""不想""其实""实际上""但是""可是"等通常凸显句子焦点，如：

（18）她与焦仲卿结婚后，夫妻俩互敬互爱，感情深挚，不料偏执顽固的焦母却看不顺眼，百般挑剔，并威逼焦仲卿将她驱逐。

（19）我们以前并未见过面，我是贸然闯进去的。不想，周恩来同志很热情地接待了我们。

（20）不久，亚铭回到北京，可是他没有找丽娜，而是住进了一家酒店。其实，丽娜早就从朋友那里知道亚铭回到了北京。

（21）据1972年日本环境厅公布，水俣湾和新县阿贺野川下游有汞中毒者28人，其中60人死亡。实际上，受害人数远不止这么多，仅水俣一地受害者就有近万人。

（22）有一次天很热，下午太阳晒得很，有个妇女群众演员口渴，想要喝水，但是剧组里一些人特别急性子，这个镜头没拍完，不让喝。

上述例句中，反预期标记修饰的是整个句子（或子句），表示该句表达的命题与特定第三人［如例（18）的焦仲卿夫妇，例（19）的“我”，例（20）的亚铭，例（22）的群众演员，或听话者，如例（21）的潜在听众］的预期相反。这些反预期标记引入的句子或报道事件，如例（20）、例（21），或引进的新的话语所指对象，如例（18）的“焦母”、例（19）的“周恩来”、例（22）“剧组里的一些人”，使整句话都成为焦点。

常位于主谓之间的反预期标记如“并”“还”“也”“反而”等一般凸显谓语焦点，如：

（23）以前从不正眼瞧我的小人也开始对我另眼相看，甚至还想方设法巴结我，可是我并不领情。

（24）他其貌不扬，打起球来还挺厉害。（自拟）

（25）美女也愁嫁。（张云峰，2008）

（26）经过这场大病，他的身体比以前反而好了。

［《现代汉语八百词（增订本）》，2010］

上述例句中，反预期标记修饰谓语，表示谓语陈述的事实与特定第三人，如例（23）的“小人”或社会共享预期［例（24）—（26）］相反。谓语“不领情”“挺厉害”“愁嫁”“好”等均是所在句子的谓语焦点，同时也是全句自然重音所在，是常规焦点。

一些能够修饰名词性成分的反预期标记，如“甚至”“连”等往往凸显论元焦点，如：

(27) 从杯名到队名，甚至运动员个人，都可冠以“某某啤酒”或“某某家具”。 (袁毓林，2008)

(28) 连桌子底下我都找了。 (方梅，1995)

上述例句中，反预期标记修饰名词短语“运动员个人”“桌子底下”表示名词具有的VP属性“可以冠名”“找”与一般社会共享预期相反。许多学者认为“甚至”和“连”修饰的成分是所在句子的焦点。袁毓林(2008)指出，可以把“甚至”看作一个焦点算子(focal operator)，它要求约束一个语义焦点，并且“甚至”约束的焦点一般总是句子中传递新信息的焦点，即信息焦点。方梅(1995)更明确表示“连”是汉语仅有的两个焦点标记词之一，用于标示极性对比话题。徐烈炯、刘丹青(2007：86)干脆称之为话题焦点，认为“连”是个前附性的话题标记，它所带的成分就是话题焦点，有明显的对比性。无论是“对比焦点”还是“话题焦点”，我们认为，其实这些都是Lambrecht所谓的论元焦点，反预期标记能够凸显动词的某一个论元，以确定所指对象。例(27)—(28)的“运动员个人”“桌子底下”分别是所在句子的主事论元和场所论元(有关论元角色的分类参见袁毓林，2002)。

综上，我们认为反预期标记具有凸显焦点信息的功能，其凸显的焦点包括句子焦点、谓语焦点和论元焦点。

二 语用制约

言语交际是一个明示—推理过程，前者与说话人有关，后者则与听话人有关。说话人必须生成一定的话语，通过该话语向听话人展示自己的交际意图，这就是一个明示过程。该过程中存在说话人的两种意图：a信息意图(informative intention)，即使定识之集合对听话人显明或更加显明，也就是话语的显义(explicature)；b交际意图(communicative intention)，即让听话人明白说话人有传递信息意图的意图，一般是指话语的隐义。对听话人而言，交际又是一个推理的过程，即透过说话人提供的信息意图(显义)去推导其交际意图(隐义)。成功的交际就是对对方交际意图的准确复原，取得说话人所传递的话语信息与听话人理解结果之间的最大相似性。从这个意义上说，交际过程实际上是言语双方认知语境假设或信息的趋同过程，双方的认知语境越趋同，交际就越容易成功。

为了使听话人成功地复原说话人的交际意图，说话人必然要对听话人的话语理解作适当的引导和制约，因此在生成话语时会提供一些必要的线索为信息处理指示认知方向，以减少听话人的认知努力，提高关联性。反预期标记正是可以为说话人使用的对听话人理解产生引导和制约作用的线索之一。下面从话语生成和理解两个角度具体阐述反预期标记的语用制约功能。

（一）话语生成与反预期标记

人的认知倾向于以最小的认知努力获得最大的认知效果，因此说话人在生成话语时需要考虑两个因素：①最大程度地增加话语的认知效果（语境效果），也就是话语所含信息量要尽可能地大；②最大限度地减少听话人话语理解时所付出的认知努力。其实这两个因素都是从听话人的角度提出来的，这就要求说话人把话说得具体、详细、明白，然而就说话人而言，他可能不愿意把话说得太详细，因为这样会耗费他更多的认知努力，在能达到同样语境效果的前提下他会尽量说得简短，也就是齐波夫（Zipf，1949）所说的省力原则。反预期标记的使用就能同时满足上述三个方面：使说话人和听话人都能尽可能省力地得到最大语境效果。比如：

（29）这道题<u>连</u>老师都不会做。

例（29）有两个隐含义：①这道题很难；②言者对老师不会做这道题感到惊讶，如果删去反预期标记“连……都”，句子变成“这道题老师不会做”，仅成为一个简单的事实陈述。老师不会做这道题可能是因为题太难，也可能因为老师水平太差，隐含义①变得模棱两可，十分模糊，隐含义②则彻底消失，无法获知言者对这一事实的态度。从信息量而言，有反预期标记“连……都”比没有该标记的命题多。另外，如果不使用该反预期标记但要达到相同的信息量，例（29）可能得表述成例（29’）：

（29’）这道题很难，老师不会做，我感到十分惊讶。

例（29’）与例（29）的信息量相同，但多了七个字，相比于原句增加了70%，也就意味着言者要多付出70%的认知努力加工这些语义表征形成音响形象。这严重有违经济原则和省力原则，也增加了听话人的解码负担。说话人使用“连……都”这个反预期标记既用最省力的方式增强了话语的语境效果又为听话人理解自己的交际意图指明方向，减少了听话人为此付出的认知努力。下面的例子也可以作如上分析：

（30）这个工作很简单，不需要动脑子，却是个苦差事。我一站就是一天，站得腰酸腿疼。

（31）他当时怕极了，挨打得再厉害，也不敢吭一声。

（32）这个家伙竟然恼羞成怒，将我的不贞告诉了阿南。

例（30）如果没有“却”会造成听话者理解的极大障碍“工作简单，不用动脑子为什么是个苦差事?”从而导致交际失败，这是说话人所不愿意看到的，因此他在一开始就要避免造成可能的前后矛盾，通过使用“却”标明下文与前文存在转折关系，不用“却”想达到同样的语境效果可能就要将句子扩展成“这个工作很简单，不需要动脑子，令人意外的是，这是个苦差事”。较之原句要付出更多的认知努力。例（31）没有“再……也”依然成立，句子的真值条件不变，但少了一个隐含义——“他十分胆小”。例（32）的隐含义是“我没想到他会恼羞成怒”，这个隐含义是“竟然”带来的，话语信息量比不用“竟然”多，同时付出的认知努力也比较少。如果不用“竟然”但想达到同样的语境效果就要将句子改成“这个家伙恼羞成怒，将我的不贞告诉了阿南。这是我没想到的”。

（二）话语理解与反预期标记

反预期标记对话语表达的命题内容不产生影响而是促进话语理解过程，减少误解发生。换句话说，反预期标记的作用就是对听话人寻求话语的最佳关联性起促进或引导作用，主要编码的是程序意义。试看下例：

（33）我逗他开心说一切都会好起来的，可是看得出他还是很担心。

（34）在西班牙赫塔费，慢热的西班牙队并没有迅速找到感觉，反倒是安道尔队激情迸发，在中场即展开严密封锁。

（35）由于比以前更忙了，我甚至没时间给家里打电话。

我们尝试还原上述例句的理解过程并说明反预期标记所起到的作用。

当听者接收到例（33）的音响形象时，开始对语言解码，会涉及指称指派，即确定代词“我”和“他”的所指；语义充实，即把“一切”充实为“发生在他身上的一切”，而不是一个笼统而不着边际的“一切”；解歧，确定多义词“会”在该句中的义项：表示将要；增加语义饱和度：看得出他还是很担心（发生在他身上的一切），通过以上步骤获得该句的显义。然后构建隐义前提“逗一个人开心一般希望他能心情好一些”，结合“可是”显示的转折关系可以推导出“我逗他的努力失败了”这一隐含结论。这其中，“可是”为理解前后两个小句之间的关系指明了方向，如果没有“可是”，听话人可能把后句“看得出他还是很担心”理解成前句“我逗他一切都会好起来”的原因，这就没有准确还原说话人的交际意图，造成误解。

类似的，例（34）言者的交际意图是希冀传递给听者自己原本没想到安道尔队会激情迸发。听者可以通过反预期标记“反倒”这个线索复原这个交际意图。然而如果没有“反倒”，听者可能不会按照言者期望的方向作出理解，而很有可能把“西班牙队没有找到感觉”当成“安道尔队激情迸发”的原因，造成理解偏差，从而导致交际失误。例（35）因为有反预期标记“甚至”的存在而具有这样一个隐义：我预料到比原来忙，但没想到会忙到给家里打电话的时间都没有。如果删去“甚至”，句子变成“由于比以前更忙了，我没时间给家里打电话”，那么前后小句之间可能就仅有因果关系，而那层隐义就荡然无存了。

反预期标记所表达的不是概念意义而主要是程序意义，它可以引导听话人识别前后话语间的语境关系和语用信息关系，通过该信息还原说话人的某种认知态度，从而指明话语的理解方向，对话语的关联性和听话人的语境选择加以制约，以实现成功交际。

三　促进语篇连贯

“连贯”（coherent）是话语或语篇分析的一个重要概念，但目前仍没有一个统一的定义。Reinhart（1980）认为连贯是形式、语义和语用上的相关性，由三个要素组成：连接（connectedness）、一致（consistency）及关联（relevance）。“连接”指语法层面上句子之间形式上的联系。“一致”指句子表达的命题前后不矛盾。“关联”指语境同语篇相关，语篇中句子之间相关，句子与主题相关。Brown 和 Yule（1983：66）则认为，人们在解释一个语篇时，不需要语篇形式标记。他们自然地假定语篇是连贯的，然后在这种假设的前提下来解释语篇。他们认为，决定语篇连贯的条件在语言外，还包括语境的一般特征、话语结构的规则、交际功能、社会文化知识和推测等。上述两种观点代表了对连贯的不同理解，前者将语篇看作成品，取局外篇章分析者角度，研究的连贯是书面体文章的特性。后者将语篇看作动态的交际过程，研究语篇的生成和释读。然而，不管他们对连贯的看法及研究方法如何不同，他们都把连贯界定为语篇在信息传达方面的流畅和贯通。（王全智，2002）

Halliday 和 Hasan 把连贯看作与衔接（cohesion）相关的范畴，他们（1985）指出，衔接是语篇连贯的必要条件，衔接是建筑连贯大厦的基石，也就是说，连贯的产生有赖于衔接机制（cohesive device）的使用。在《英语的衔接》（*Cohesion in English*）一书中，Halliday 和 Hasan（1976）列出了衔接手段的四种类型：指称、替代和省略、连接以及词汇衔接，对每类手段都进行了细致的讨论。然而，他们的这一观点也受到一些学者的质疑，Widdowson 曾举下面这个例子说明衔接并不是连贯的必要条件：

（36）A：Can you go to Edinburgh tomorrow?

B：B. E. A. pilots are on strike. （Widdowson，1979）

上例中 B 的回答里没有 Halliday 和 Hasan 列举的任何一种衔接手段但依然是连贯的。Cook（1994）也指出，衔接对于创造连贯既不是必要条件，也不是充分条件。

连贯的产生并不依赖衔接机制，那么其背后的机制是什么呢？当今认知语言学家强调，认真分析和深入研究语篇连贯性的认知基础才能更清楚地认识连贯的实质。Beaugrande 和 Dressler（1981）指出，必须从“认知加工、激活相关知识”的角度来论述语篇连贯及其生成和理解过程。激活相关知识也就是 Sperber 和 Wilson 所谓的认知语境。当某个词语激活了某个认知语境后，其中的有关信息就可以被调用出来，建立信息间的各种联系。有些信息虽然在实际语篇中没有被提及，但人们也会凭借百科知识等认知语境建立语义连贯，从而对语篇作出正确解读。比如例（36）的两句话虽然在形式上找不到什么衔接手段，但运用认知语境就能对其连贯性作出合理解释：A 提到了 go，就会激活一个关于 go 的认知语境：或者步行，或者依靠交通工具，B 答话中的 pilots（飞行员）确认了该交通工具是飞机，然后 A 通过语用推理就能复原 B 的交际意图：

飞行员罢工，飞机就停飞。

飞机停飞，B 明天就去不了爱丁堡。

因此，话语的连贯性取决于认知语境的相关性，只要一个分句中的任何词语所激活的概念能与其后分句汇总的任何词语（或它们所激活的概念）之间建立起某种联系，发现命题上的索引性，这两个语句就是连贯的。

认知语境的连贯是生成连贯语篇的前提条件，也是确定选用衔接手段的心理基础（Givón，1995）。因此认知上的不连贯必然造成语篇的不连贯。反预期标记的作用就相当于路边指示牌，提前告知司机（听话人）作好转向准备（处理反预期语境），那么整个转向过程就会比较平稳流畅（连贯），如果没有指示牌的预警，突然转向则会造成车身晃动和乘驾人员的不适。从这个意义上说，反预期标记的使用有助于认知语境的连贯，从而促进话语连贯，比如：

(37) 她与焦仲卿结婚后，夫妻俩互敬互爱，感情深挚，不料偏执顽固的焦母却看不顺眼，百般挑剔，并威逼焦仲卿将她驱逐。

(38) 我们以前并未见过面，我是贸然闯进去的。不想，周恩来同志很热情地接待了我们。

(39) 不久，亚铭回到北京，可是他没有找丽娜，而是住进了一家酒店。其实，丽娜早就从朋友那里知道亚铭回到了北京。

例（37）反预期标记“不料”前面的小句激活了一个有关“夫妻恩爱”的认知语境——幸福，被人祝福、羡慕，得到家人的支持，等等，听话人就会顺着这个激活的认知语境期待下文，只要后续小句跟“幸福”“被人羡慕”或是“家人的支持”等任何一个被激活的语境相关，那么听话人的期待就得到满足，前后语句语义上就是连贯的。但是后续小句带来的新信息是“焦母百般挑剔，威逼焦仲卿将妻子驱逐”，该语境与前文语境对立，与听话人预期相反，如果没有反预期标记“不料”和“却”，那么前后文的语义是对立、矛盾的，也就意味着听话人要付出更多的认知努力处理这矛盾的信息，虽然最终也能理解前后语句的关系但是其认知经历了反方向的扩充过程就不连贯了。例（38）、例（39）也可以作类似分析，都是前句激活的认知语境与后句带来的认知语境对立：例（38）“没见过面，贸然闯进去”应该受到冷遇，结果被“热情接待”；例（39）“到了新地方没找当地的朋友”那么朋友应该不知道，结果“当地朋友知道他来了”；这些对立的语境通过反预期标记“不想”“其实”平稳流畅地连接起来，降低了认知处理的难度，形成语篇连贯。

Sanders et al.（1992）曾指出人们根据关系类别、关系源、话语序和关系极这四个原始认知因素辨认连贯关系。其中关系极分为正极关系和负极关系。如果一个话语的命题内容符合另一个话语给听话人带来的心理期待，那么话语之间的关系是正极关系；如果违背这种期待，那么话语之间呈负极关系。以上四个原始认知因素在认知处理过程中呈现出一定的优先序：关系类别 > 关系源 > 话语序 > 关系极（ > 表示优先）。每个因素的变项也有优先序，就关系极而言，正极优先于负极。优先序体现原始认知因素的可及性，可及性越高就越容易被意识加工处理。反预期表达属于关系极的负极，认知加工的可及性不及正极，因此需要使用反预期标记提供理解线索、增强可及性，这也是反预期标记能促进语篇连贯的认知基础。

第五节　对汉语反预期标记的总体概括

对反预期标记的研究可从两个方面入手：所标记的信息性质以及标记本身的性质特点。本书第二章重在探讨前一方面：预期、反预期信息的性质及形成机制；第三章重在讨论反预期标记本身的性质特点。两章合起来构成了反预期标记的理论基础。对汉语反预期标记的理论认识可大致概括为以下几点。

（一）预期/反预期信息的性质及形成机制

反预期标记的基础概念是预期与反预期信息。预期是交际主体对话语信息的先期认识，在言语交际中构成主体认知语境的一部分，对话语的产生和理解具有重要作用，就其来源而言，预期可由个体已知信息、社会共享信息构成的预知和推理形成的预测产生，可能与实际相符或相反。

与预期相反的信息就是反预期信息。本书对“相反”取最广义的理解，相当于“不符”，具体而言，包括相反、不及与超过预期这三种情况。反预期的形成机制与预期的来源密切相关，根据预期的三类来源可以将反预期的形成机制分为三类：①与已知信息直接相反；②与特定语用量级相反；③与合情推理相反。

（二）反预期标记的性质特征

反预期标记是从语用功能角度分出来的一类语言形式，用以标示话语中某一信息与言者或听者的预期相反。反预期标记具有非重读性、主观性和程序性，与语类并不具有对应关系，副词、连词、感叹词和一些插入语性质的短语等都可以具有反预期标记的功能。反预期标记的形成过程与词汇化和语法化密切相关，有的是词汇化的产物，如“哪知道”（详见第六章），有的则是语法化的结果，如“还”等副词；反预期标记还可以进一步语法化，如“但是”（详见第七章）。

（三）反预期标记的分类

反预期标记是一个内部差异性很大的集合，有的标记只能位于句首，有的标记可以位于句首和句中；有的标记可表达全部的三类反预期信息，有的仅能表达一种；有的标记是词汇化的产物，而有的则是语法化的结果。本书尽量把在结构和功能上具有相似性的反预期标记归为一类，不那么相似的归为另一类，分类尽可能地体现出每类标记反预期表达功能的不同特点，如反预期信息类型、反预期形成机制等。据此，现代汉语反预期标记可分为语气类、疑问类、否定类和转折类四小类。

（四）反预期标记的功能

反预期标记能够触发隐含义和凸显焦点信息，具备信息提示功能。反预期标记触发的隐含义包括隐义前提和隐义结论。表示与社会共享预期相反时隐义前提一般就是该社会共享预期，隐义结论往往表现为言者惊讶、不满的态度或突出其极端性；表示与说话人或听话人预期相反时一般没有隐义前提，只有隐义结论——言者或听者的预期。话语通过反预期标记的运用获得了更多的言外之意。位于主谓之间的反预期标记如“并”“还”“也”“反而”“倒”等一般凸显常规焦点，一些能够修饰名词性成分的反预期标记，如“甚至”“连”“偏偏”等则往往凸显对比焦点。

除此之外，反预期标记还具有语用制约和促进语篇连贯的功能。前者体现为对话语生成和理解的引导及制约作用，反预期标记能使说话人和听话人都尽可能省力地得到最大语境效果，是话语理解的线索。后者表现为反预期标记前句激活的认知语境与后句带来的认知语境对立，这些对立的语境通过反预期标记平稳流畅地连接起来，降低了认知处理的难度，形成语篇连贯。

本书前三章可视为全书的上篇和总论，主要探讨反预期标记的性质、特征、分类和功能，为下文的分析建立理论框架。余下章节（第4—7章）是下篇和分论，根据第三章提出的分类结果将每一类反预期标记单列一章，论述该类反预期标记的总体特征和表现形式，并以某一个成员为例，深入分析其反预期表达功能及相关问题。在分析时，会首先检验该结构是否为反预期标记，进而分析其反预期义的形成机制和表达特点，并探讨其在话语中的其他功能。此外，本书还会运用关联理论及主观性和主观化理论分析相关问题。

第四章

语气类反预期标记及“偏偏”

第一节 语气类反预期标记概述

一 语气概说

语气的定义有广狭之分，狭义的语气只有四种：陈述、疑问、祈使、感叹，对应四种句类，属于句子语气，是成句的必要条件。广义的语气除了前述四种语气外，还有口气，口气包括肯定、否定、迟疑、活泼等，用于思想感情方面种种色彩的表达，口气成分主要是语气副词、语气词、叹词、特殊格式等，它们是句子局部表述实现的必要手段（孙汝建，1998）。本文的语气主要指口气。

语气具体是什么？有学者认为是一种情绪，王力（1985：160）指出，人们说话的时候，每一句话总带着多少情绪。这种情绪，有时候是由语调表示的。但是，语调所能表示的情绪毕竟有限，于是中国语里还有些虚词带着语调，使各种情绪更加明显。他进而总结，凡语言对于各种情绪的表示方式，叫作语气。高名凯（1948：85）把语气称作口气，也认为“口气是一种广义的感情”。也有学者视为一种态度，叶斯柏森（2009：484）指出，语气表达的是说话人对句子内容的某种态度。储诚志（1994）也认为语气反映说话人的意愿和心态。更多的学者持综合观，认为语气不仅是情绪和态度，还包含了说话人的评价、意向等。如胡明扬（1981）认为语气表示说话人由周围的事物或对方的说话内容引起的某种感情；对自己的说话内容的态度；向对方传递某种信息。贺阳（1992）对语气的定义是通过语法形式表达的说话人针对命题的主观意识。他认为语气是对句中命题的再表述，表述的内容或是说话人表达命题的目的，或是说话人对命题的态度、评价等，或是与命题相关的情感。

汉语常见的语气表达方式有语调、语气助词、叹词、语气副词、句法格式、同义选择等。语调是语气在语音层上的表达方式，如升调常表达疑惑、诧异等语气，降调常表达感叹、强调、祈求等语气。语气助词是语气在词汇层上的一种典型的表达方式，如“吗”“呢”常表现疑问，“啊”常表现感叹。叹词前后总有停顿，所以它往往伴随着一定的语调共同出现，表达各种各样的语气，如“啧”表重说语气，“咦”表诧异语气。语气副词是一种很重要的语气表达方式，如“竟然”“到底”“恐怕”分别可以表示诧异、重说和揣测语气。语言中存在一些相对固定的句法表达形式，如重叠、易位、追加、固定格式等也可以表达特定的语气，如动词重叠往往带有轻松的语气。同义选择是指根据语气表达的需要，在同一个聚合中对不同的语言项目进行选择，因而是一种对比选择手段，它所表达的语气义（或委婉或重说）只有在语义场中通过与其他项目的对比才能表现出来，比如“只是、不过、但是”是同义词群中的三个词汇项目，它们都表示转折义，但是，在语气上，“只是”比“不过”委婉一些，“不过”比“但是”委婉一些。（详见徐晶凝，2000）

关于汉语的语气分类目前还没有统一意见。大部分学者从广义角度对语气分类。胡明扬（1981）把语气分为三类：①表情语气，如“赞叹”“惊讶”“不满”等；②表态语气，如肯定、不肯定、强调、委婉等；③表意语气，如祈求、命令、提问、追诘、呼唤、应诺等。贺阳（1992）对汉语语气系统作出了全面的理论表述，他把语气系统分为三个子系统：①功能语气，包括陈述语气、疑问语气、祈使语气、感叹语气。②评判语气，包括认知语气：确认、非确认；模态语气：或然、必然；履义语气：允许、必要；能愿语气：能力、意愿。③情感语气，包括诧异语气、料定语气、侥幸语气、表情语气等。另外影响较大的还有王力（1985）和齐沪扬（2002）的分类系统。

二 语气类反预期标记的总体特征

语气表示的是说话人对所述命题的情感和态度（温锁林，2001：175），反预期表达的也是说话人对命题的态度，两者具有相通性。反预期是语气的一类，而语气是反预期的表达手段之一。

语气类反预期标记成员众多，包括语气副词“并、还、也、甚至、竟然、居然、偏、偏偏、倒、反而、反倒”，语气助词“啊”和叹词“咦、哎哟”等，与其他类反预期标记相比，该类标记的显著特点是反预期的表达主要通过语气来实现。

在前人对汉语语气的分类中，能作为反预期标记的主要是表诧异语气的语言形式。诧异语气表示说话人对句子命题所述之事感到出乎意料。温锁林称为惊异口气，并进一步细分为意外、逆反与惊奇三种口气。他认为这三种口气表达的是说话人突遇同心理预期相反的客观事实而表露出来的出乎意料或略感惊讶的情态。三者区别在于从表达意外的口气强弱程度看，三者呈现口气递增的趋势。意外仅仅是预想中没有料到的事发生了，常用的有“竟、竟然、竟至、居然”等；逆反则除了表示没有料到的事情发生外，还表达出发生之事正是料想的反面的意思，主要有“倒、反倒、反而、倒是”等；惊奇则除了表达如上两重意思外，还加上了发生的事是最不该发生的这样的意思，常用“偏偏、偏”等表示（温锁林，2001：187—188）。

语气表达说话人的情感，情感是语言主观性表现之一，因此语气类反预期标记具有较强的主观性，是对句子命题内容的评价和态度。从句法上看，语气类反预期标记多位于主谓之间，修饰谓语，表示谓语所述性状或行为与预期相反，删去后句子依然成立，不影响句子的真值语义条件，比如：

（1）多年的老朋友，他倒跟我客气起来了。

（2）医生都说他的病没希望治好，可他居然好了。

上例中的“倒”和“居然”均是语气类反预期标记，分别修饰谓语“跟我客气起来了”和“好了”，前者表示“跟我客气”这一行为与“我”的预期不符，后者表示“好了”这一性状出乎说话人预料。上述两例的反预期标记均可删除，句子依然成立，只是删除后句子原有的隐义也随之消失，如例（1）原本隐含“多年的老朋友不应该客气”以及“我对此感到疑惑、意外”这两个含义，而例（2）则隐含“说话人感到惊讶”。“倒”和“居然”的使用也使前后语句更为连贯，如果没有这两个反预期标记，前后句之间存在语义矛盾，语句连贯性差。

语气类反预期标记的产生主要是语法化和主观化的结果。例（1）中的语气副词“倒”在现代汉语中的意思为“跟一般情理相反，表示出乎意料”（吕叔湘，2007）。在先秦时期，“倒”是表示“人体前倾，摔倒”的实义动词。在隐喻机制作用下，词义不断泛化，由“人倒”泛化为“动物、物体倒”，表示人或物体与正常状态时的方向相反。继而由空间域投射到性质域，表示发生的事情与一般事理、情理或本人预期相反（王华，2005）。由动词语法化而来的语气类反预期标记还有“并”“还”“反而”“反倒”等。有些语气类标记则从形容词虚化而来，如“偏”“居然”等。

语气类反预期标记具有非重读性、主观性和程序性，形成过程存在语法化和主观化，在话语中具有信息提示、语用制约和促进语篇连贯的功能，符合反预期标记的所有性质和功能，是典型的反预期标记。

三 语气类标记的反预期表达类型

反预期标记标示的信息主要可分为与说话人、听话人以及社会共享预期相反的三类，语气类反预期标记可标示全部三种类型的反预期信息。

（一）与说话人预期相反

说话人原先对某一事件持有某种预期，但后来发现事实与预期相反，用语气类反预期标记表达惊讶、意外的感情。例如：

（3）在座诸位腰间的 BP 机频繁工作，才从国外归来的林先生颇感惊讶：“咦，你们身上都有 BP?”

（4）电子工程和工商管理等热门专业的淘汰率，有时竟然高达 70%—80%。

（5）凶恶的宏吉一见是他，居然不敢撒野了。

（6）你还是哈佛的博士，厉害啊！

上述四例的反预期标记分别是“咦”“竟然”“居然”和“还”，它们所修饰的语句内容均与说话人原先的预期不符。例（3）—（5）说话人的预期分别是“朋友身上没有 BP”“淘汰率不高”“敢撒野”和“不是哈佛博士”，是由反预期标记所触发的句子隐含义，表达了说话人惊讶、诧异的情感态度。

（二）与听话人预期相反

这是“并”和“又”常见的反预期表达类型，试比较以下例句：

(7) a 他们没有灰心丧气。
b 他们并没有灰心丧气。

(8) a 我不是 85 年生的。
b 我又不是 85 年生的。

例 (7) 和例 (8) a、b 两句仅差一字，均表示否定，但两句的意思有细微差别。传统语法书认为“并”和“又”的作用是加强否定语气。本书认为这种看法并不全面。“并”和“又”的确有加强否定语气的作用，但这来源于其反预期表达功能。比较例 (7) 两个句子，a 句仅客观陈述“他们没有灰心丧气”的事实，b 句除了陈述这一事实外，还带有否认、辩驳他人“以为他们灰心丧气”的看法。也就是说，当我们说“他们并没有灰心丧气”时，一定是有人以为“他们灰心丧气”了。例 (8) a、b 两句也存在类似的差别，当言者说“我又不是 85 年生的”时候，一定是有人以为“我是 85 年生的”。“又”和“并”具有反听话人预期表达功能，即否认、辩驳听话人持有的某种看法或意见，从而具有加强否定语气的作用。

(三) 与社会共享预期相反

社会共享预期通常体现为某个言语社会普遍接受或认可的先设，它是人基于对客观世界的认识和经验建立起来的一种“常规”（吴福祥，2004），也即一般所说的常理，为交际双方共享。有些语气类反预期标记经常表达与社会共享预期相反的信息，比如：

(9) 在台湾就是这样，不得奖还好，一得金马奖反而垮了、臭了。

(10) 受到了表扬，肖武斌反而忸怩起来了。

(11) 有的地区的企业在同行业中仅仅是简单加工型的，可能被评上了先进技术企业，而有的地区的企业是制造和开发生产型的，反倒评不上先进技术型，这就必然会增强地区之间、企业之间的攀比心理，这种攀比扩展开对我们的经济发展是不利的。

(12) 眼下，光明正大，合情合理，可以摆在桌面上的事，反倒不好办了。

上述例句的反预期标记分别是“反而”和“反倒”，两者意义相近，均表示“跟前文意思相反或出乎预料之外”（吕叔湘，2007），其反预期义的释读经过了一个合情推理的过程，即如果有情况 p，那么一般应有 q，但实际是非 q，社会共享预期一般表现为这个合情推理的大前提。下面以例（9）分析其反预期义形成机制：

大前提（隐）：一般而言，得奖会出名（社会共享预期）
小前提（现）：得了金马奖
推论（隐）：出名（预期）
实际（现）：垮了、臭了（与预期相反）

社会共享预期（大前提）作为背景知识没在句中表述出来，而通过合情推理获得的预期（推论）同样也隐藏在句中，只有小前提和实际情况被说话人明确表述出来。例（10）—（12）也可以作如上分析。

语气类反预期标记的表达类型丰富，可表达全部类型的反预期信息，体现言者诧异、否认、辩驳等不同的情感态度。

以上论述了语气类反预期标记的整体性质特点和反预期表达类型，下面将以“偏偏”为例，具体分析该反预期标记的性质和功能。

第二节 “偏偏”作为反预期标记

一 “偏偏”的基本分析

（一）句法位置

“偏偏”是公认的语气副词，与其他副词相比，在句法分布上呈现出相当大的灵活性。语气副词并不像其他副词那样，总位于动词或形容词的前面，而是既可以位于动词或形容词前面，也可以位于主语的前面（齐沪扬，2003）。“偏偏”的句法位置大致可分为句首和句中两种。

1. 位于句首

“偏偏”在主语前时常常位于句首（包括小句句首），如：

（1）有一次，我拿了 300 元，偏偏妈妈那天身上的钱不多，就发现了。

(2) 聪明人都不愿干这种“白费蜡”的蠢事。偏偏姜伟不这么想，也不这么做。

“偏偏”位于句首时，属于齐沪扬（2002）所说的高位位置，具有高位功能，管辖全句，对整个命题进行表述。如例（1）中“偏偏”对整个命题“妈妈那天身上的钱不多”进行表述，例（2）“偏偏”也是修饰其后的 NP + VP。上述二例的“偏偏”均可移到主语后，如“妈妈偏偏那天身上的钱不多”“姜伟偏偏不这么想”等，移动后管辖的范围缩小，只修饰谓语。根据对北大 CCL 现代汉语语料库的搜索统计，“偏偏”在句（包括小句）首约占 30%，另外约 70% 位于句中。

2. 位于句中

“偏偏”在句中时常常位于主谓语之间或副词、连词之后，主、谓语之前，如：

(3) 人家设了套儿，你不去钻也就罢了，可林成杰偏偏往里钻。

(4) 可偏偏有人对此不以为然，于是人们看到一些奇怪的现象。

例（3）“偏偏”在主语和谓语之间，修饰谓语，例（4）“偏偏”在连词“可”后，主语“有人”前，修饰“有人对此不以为然”整个命题。位于主谓之间的“偏偏”属于齐沪扬（2002）所说的低位位置，具有低位功能，管辖范围是句子中的述题部分，是对述题部分进行表述。

（二）语义分析

各语法词典普遍把“偏偏”和“偏”放在一起解释，认为两者意义基本相同。词典对“偏偏”的语义解释概括起来主要有以下三点：

①表示故意跟外来要求或客观情况相反（《现代汉语八百词》《现代汉语虚词讲义》），如：不叫他去，他偏偏要去。｜你为什么偏偏要钻牛角尖。

②表示事实跟主观想法、愿望或常理恰好相反（《现代汉语八百词》《现代汉语虚词讲义》《现代汉语虚词例释》），如：我昨天找了你好几次，偏偏你都不在家。｜好容易找到了他，偏偏又碰上小李拉他去办事。

③表示范围，表示“只有”“仅仅”的意思（《现代汉语八百词》

《现代汉语虚词例释》)，如：大家都走了，偏偏他一个人不走。｜大伙都准备好了，偏偏老杨一个人磨磨蹭蹭的。

杨霁楚（2008）已经论证了“偏偏”没有限定范围的作用，即上述第三点“只有、仅仅”的意思并不源于“偏偏”，而与句中其他因素有关。对于语义①，《现代汉语虚词例释》的表述略有不同：表示动作主体强烈的意志和信仰，决心要进行某动作。《现代汉语八百词》指出，该项用法以“偏”为主。

太田辰夫（2003：272）指出，“偏”有“相反”和“坚决”两个意义，用于表示和认定、预想相反的场合。“相反”和“坚决”其实就是词典归纳的语义①和②，但他敏锐地指出语义的不同与角度有关，在进行动作、运动的时候，它表示和见到这种动作、运动的人的意愿相反。从见到的人的角度说，是“相反”的意思，从实行的人的角度说，就是“坚决”的意思。

范伟（2009）把以往解释中的“外来要求”“主观想法”“常理”等词改成了“预期”，认为“偏偏”和“偏”的基本语义是：①主语的主观意志与语境中的预期相反。一般是句子主语所代表的施事，在意愿或行为上故意与外部要求相背离。②句子反映的客观事实与主观预期相反，出乎事件主体或说话人的意料，一般是说话人不希望发生的。他进而把两种语义简化为：［主观故意］和［客观违愿］，通过统计“偏”和“偏偏”的不同义项在语料中的使用频率得出“偏偏”的核心语义是［客观违愿］（占用例的98%），即强调客观事实与说话人预期相反。

二 “偏偏”的反预期表达功能

（一）反预期标记“偏偏”的判定

以往研究逐渐揭示了“偏偏”的反预期特性，特别是范伟（2009）将“偏偏”的语义概括为“强调客观事实与说话人预期相反”，几乎等于说“偏偏”是反预期标记了。本书明确指出“偏偏”是反预期标记。句法上，“偏偏”是副词，为反预期标记的主要来源。“偏偏”主要位于句中，也可以出现于句首；语音上，“偏偏”一般不重读；语义上，“偏偏”不增加所在语句的命题内容，删除后也不影响句子的真值条件，如“他偏偏不去”和“他不去”在真值条件上是等值的，都表示“他不去”为真。“偏偏”具有程序意义，表示说话人意欲表达的不仅仅是命题内容，还包含或惊讶或不满的情感态度，有助于引导听话人对话语理解的方向，更好地把握说话人的意图。语用上，“偏偏”表示事实或观点与说话人或听话人对相关特定事件的预期相反。“偏偏”满足反预期标记的所有语音、句法、语义和语用特征，属于反预期标记。

（二）“偏偏”的反预期表达类型及机制

词典里“偏偏”的三个义项可以归纳为一个：反预期表达。“偏偏”所表达的反预期信息可分为与听话人预期相反、与说话人预期相反和与社会共享预期相反三类。就倾向性而言，“偏偏”最常表达反说话人预期信息，其次表达与社会共享预期相反的信息，极少数表示与听话人预期相反的信息，本书随机抽取了500条含“偏偏”的例句，经过分析考察，将其所表达的反预期信息类型比例列表如下：

表4－1　“偏偏”的反预期类型比例

反预期 / 项目	反听话人预期		反说话人预期		反社会共享预期	
	用例	比例	用例	比例	用例	比例
偏偏	17	3.4%	278	55.6%	205	41%

1. 与听话人预期相反

（5）“你至少替我挡一下吧！”璇芝埋怨地说。“我偏偏也是站在他们那一边的呀！”，秀仪眨眨眼回答。

（6）卓玉贞道：“我知道你一定想问我，我为什么要这样对你，可是我偏偏不告诉你。”

（7）你一定以为我不记得了，我所有的表现都让你以为我不会记得，但是我偏偏忘不了。

（8）“哼、哼”，张明冷笑了两声，说，“你们不要我走，我偏偏走给你们看！”

例（5）—（8）听话人的预期分别是“秀仪是跟自己一边的”，“问卓玉贞为什么要这样对自己”，“对方不记得了”和“不要张明走”，这些预期往往以明确的语言形式表达出来。“偏偏”表达了说话者强烈的意志，决心要进行某种与听话人预期相反的行为。其反预期义的形成机制是上文提到的第一种，与个体已知信息直接相反，即说话人的行为往往与听话人的预期形成对立，常出现“不”“没有”等否定词，如“我偏偏不”“我偏偏忘不了”或正反对立的情况，如“你们不要我走，我偏偏走给你们看”。

当“偏偏”表示与听话人预期相反时，一般位于主语后谓语前，且主语通常是“我”“我们”等第一人称。

2. 与说话人预期相反

(9) 我插嘴大声问：“干吗不叫熊猫牌、白象牌、企鹅牌，偏偏取名叫海豚牌呢？”

(10) 张云亭说：“拍胡同一定要拍到胡同牌子才有意义，可有的时候我早上到了拍摄地点，东西向的胡同，路牌偏偏在西边，逆光拍摄的效果非常不好，第二天就得返工。”

(11) 一位会日语的同志，心情也不舒畅，他说：“真没想到，我在原单位干得好好的，偏偏把我调到这儿，给日本鬼子翻话。”

(12) 日常许多事情没有几件是值得我们拿友谊去争辩取胜的。而你却偏偏如此做，好像你的精神和时间都不值一钱，更不要说到感情的损害了。

上述四例“偏偏”都是表达与说话人预期相反的信息，其反预期义的形成机制是与说话人已有的预期直接相反，如例（9）—（12）的说话人预期分别是“不叫海豚牌”“路牌在东边”“不调到这儿给日本鬼子翻话”和“不应该拿友谊去争辩取胜”，这些预期或是源自说话人的观点，如例（9）和例（12）；或是源自说话人的愿望，如例（10）和例（11），但实际情况却与说话人的观点或愿望相悖。

“偏偏”表示与说话人的预期相反时，既可以位于主语后，也可以位于主语前，对主语的选择范围较广，第一、第二、第三人称均可，是“偏偏”最常表达的反预期类型。

3. 与社会共享预期相反

(13) 伯父、父亲都是善于玩弄权术的人，可是他的儿子——太子司马衷偏偏是一个什么也不懂的低能儿。

(14) 白雪洁是一位文静的很有才华的女大学生，却偏偏爱上了一个兄弟姐妹一大堆，工作苦脏累险的普通瓦工。

(15) 足球队无论到哪里参赛或训练都是自己带球，这是足球界的常识。但罗马尼亚国奥队偏偏不理这套，他们这次来广西参加四国对抗赛硬是一个球没带。

(16) 人们常说：“大鱼吃小鱼”，可是小小的盲鳗却偏偏要吃大鱼。它能从大鱼的鳃部钻入腹腔，在大鱼肚里咬食内脏与肌肉。

社会共享预期通常体现为某个言语社会普遍接受或认可的先设，它是人基于对客观世界的认识和经验建立起来的一种“常规”（吴福祥，2004），也即一般所说的常理，为交际双方共享。其反预期义的形成机制是与合情推理相反，即如果有情况p，那么一般应有q，但实际是非q，社会共享预期一般表现为这个合情推理的大前提。下面以例（13）为例分析其反预期义形成机制：

大前提（隐）：一般而言，老子英雄儿好汉（社会共享预期）

小前提（现）：司马東的父亲和伯父都善于玩弄权术

推论（隐）：司马東也应该善于玩弄权术（预期）

实际（现）：司马東是一个什么也不懂的低能儿（与预期相反）

这里，社会共享预期（大前提）作为背景知识没在句中表述出来，而通过合情推理获得的预期（推论）则以会话含义的形式同样也隐藏在句中，只有小前提和实际情况被说话人明确表述出来。例（14）也可以作同样的分析：

大前提（隐）：通常，有才华的女大学生不会看上普通瓦工（社会共享预期）

小前提（现）：白雪洁是一位文静的很有才华的女大学生

推论（隐）：白雪洁应该不会看上普通瓦工（预期）

实际（现）：白雪洁爱上了一个兄弟姐妹一大堆，工作苦脏累险的普通瓦工（与预期相反）

例（13）和例（14）的大前提和推论省略不说，句子格式可归纳为“小前提 + 实际”。有时候，为了突出对比，也会将大前提（社会共享预期）表述出来，如例（15）和例（16），形成“大前提 + 小前提 + 实际”的句子格式：

大前提（现）：人们常说：大鱼吃小鱼
小前提（现）：盲鳗是小鱼
推论（隐）：盲鳗被大鱼吃（预期）
实际（现）：盲鳗吃大鱼（与预期相反）

为什么上述推理过程中的推论和大前提往往省略不说呢，这与语言的经济性有关。根据 Grice 会话合作原则的量准则，所提供的信息应是交际所需的，既不能过多，也不能过少。大前提（社会共享预期）是交际双方作为百科知识所共知的，而推论则可以通过已知信息由交际双方各自推导出来，因此都不必明说。反之则违反了量准则，即提供的信息超过所需要的，这样做的一个后果就是使语言显得冗长重复，破坏了语言的经济性。如果将例（13）的大前提和推论都补全将显得很啰唆：

（13'）一般而言，老子英雄儿好汉，伯父、父亲都是善于玩弄权术的人，那么生出的儿子应该也很会玩弄权术，可是他的儿子——太子司马衷偏偏是一个什么也不懂的低能儿。

“偏偏”表示与社会共享预期相反时，往往位于主语后，且主语通常是第三人称。

第三节　反预期标记“偏偏”的其他功能

除了标示反预期信息外，反预期标记在话语中还有信息提示、语用制约、促进语篇连贯三大功能。“偏偏”具备上述所有的功能。

一　“偏偏”的焦点凸显功能

Lambrecht（1994）从承载焦点的句法单位的大小将焦点分为宽焦点

和窄焦点。宽焦点指的是由包含两个或两个以上的句法单位形式充当的焦点，其中又可分为句子焦点和谓语焦点。窄焦点是指仅由一个句法单位充当的焦点，由于这种类型的焦点经常是句中的某个论元成分，因此又称作论元焦点。“偏偏”可以修饰以上三种焦点。

（一）凸显论元焦点

我们认为以下例句中，“偏偏”修饰的是论元焦点：

（1）我不是随便什么刊物都乱看的，很多有名的刊物人家越说好我越瞧不上。也不知怎么搞的，我也恨自己没毅力，偏偏对你们刊物，一期没看到就丢魂落魄，不得不佩服贵刊编辑的水平和眼光。

（2）我刚当兵的那阵子，很不喜欢那个司号员。清早六点来钟的那一小觉睡够多舒服啊，哼，他偏偏在这个节骨眼上“达达的达”地催人起床，出操，跑步。

（3）这位主妇简直有些不讲道理了，明明是为一顿饭准备的食品，她偏偏分两次吃。

例（1）和例（2）“偏偏”修饰的成分“对你们刊物”“在这个节骨眼上”是定指词语，已知信息，但它们依然是句子的焦点。Schwarzschild（1999：143）就曾指出已知信息也可以是焦点成分，因而他建议只提非焦点是已知信息，而不提焦点是新信息，如：

（4）A：她昨天买了一件外套一件衬衣，你知道哪件是买给她丈夫的吗？

B：衬衣。

“衬衣”在上文中已经出现，是已知信息，但依然是B所说话语的焦点。这是因为新信息的“新”，并不是指相关信息在语境中绝对不能出现，而是相对于其与话语中其他信息的特定关系而言的。Halliday（1967：204—206）也曾特别强调，新信息并非前文不能提及的，尽管实际情况常常如此。所谓的“新”在于话语功能，或者是与之前话语的一种对比。就例（1）和例（2）来说，“对你们刊物”和“在这个节骨眼上”之所以能成为焦点是与“别的刊物”和“在其他时候”相对比而言的，强调是“你们刊物”而不是“别的刊物”让“我一期没看到就丢魂落魄”，是“在这个节骨眼上”而不是“其他时候”来“催人起床”。从论元的性质来看，“你们刊物”是“看”的受事，因而是受事论元；“在这个节骨眼上”是“催人起床”这个行为发生的时间，是源点论元。

例（3）“偏偏”修饰的成分“分两次”是所在句子的状语，属于句子的修饰语成分。同句子中心成分相比，句子的修饰性成分比较容易成为焦点成分（徐杰、李英哲，1993）。我们也可以从语音角度判断“分两次”的焦点地位，即在话语中说话人可以重读“分两次”，但不能重读谓语“吃”。“分两次”是行为“吃”发生的方式，属于方式论元。

需要指出的是，当“偏偏”凸显论元焦点时，既可以表达与说话人预期相反的信息，如例（1）、例（2），也可以表达与社会共享预期相反的信息，如例（3）说明其标示的焦点类型与反预期信息类型没有对应关系。凸显论元焦点的“偏偏”一般位于主谓之间，修饰谓语前的状语。

（二）凸显谓语焦点

谓语焦点是指句子的谓语部分用来表达焦点，是无标记焦点，也是其他学者所说的常规焦点或自然焦点。“偏偏”位于主谓之间修饰谓语时一般凸显的就是谓语焦点，如：

（5）自然灾害和意外事故是不以人的意志为转移的，百年不遇，今年偏偏遇到了，这样的事例不胜枚举。

（6）东施效颦令人嗤笑，但今天艺坛上偏偏活跃着许多东施。

（7）眼看该上班了，可老天偏偏下起了雪，且撒欢儿般地纷纷扬扬，一会儿，竟如鹅毛般抛洒起来。

上例中的谓语部分（如“遇到”“活跃着许多东施”“下起了雪”）是所在句子的表达重心，属于谓语焦点，也就是所谓的常规焦点，带自然重音。既然已经有重音标示其焦点身份为什么这里还要用“偏偏”加以凸显呢？本书认为，“偏偏”的使用具有强化焦点的效果。交谈中，说话人并不能保证每一个重音都准确地被听话人感知，说话人为了能使自己认定的最重要的信息准确无误地传达给对方，于是在使用重音手段的情况下再加上词汇手段，这就等于把所要传达重要信息的手段进行了双保险。焦点标记词的使用具有使焦点信息传递手段强化的功效。（温锁林、贺桂兰，2006）

(三) 凸显句子焦点

句子焦点是用整个句子来表达焦点，用来报道事件或引进新的话语所指对象（Lambrecht，1994：222）。“偏偏”位于主语前，连接两个分句时一般凸显的就是句子焦点，比如：

(8) 某公司经理急于与一外商在北方大厦洽谈业务，偏偏所乘汽车在红军街上受堵，待车开到指定地点，已晚了30多分钟。

(9) 液氮在杭州市只有“杭氧”一家工厂能够提供，偏偏那几天“杭氧”放假，厂里找不到人。

例（8）前一分句叙述的是经理“急于与外商谈业务”的心理状况，“偏偏”连接的分句“所乘汽车在红军街上受堵”，其主语“所乘汽车”在前文并未出现，是新引进的话语所指对象，不属于听话人的预设部分（这是与谓语焦点的最大区别，谓语焦点的主语属于听话人预设部分），“所乘汽车在红军街上受堵”是对问句“发生了什么事”的回答，整句话是新信息，因而是句子焦点。例（9）与前例略有不同，主语“杭氧”在前文已经出现或提及过，“偏偏”不是引进新的话语所指对象，其作用是用来报告一个事件的状态。例（9）报告的是有关“液氮”事件的最新进展，即“那几天杭氧放假，找不到人”。

二　“偏偏”与话语生成及理解

“偏偏”的反预期义对所在话语的真值条件不产生影响，它编码的不是概念信息，而是制约或指引语用推理的程序信息。比如：

(10) [1] 姚平仲心急，主张派一支人马乘黑夜偷袭金营，活捉宗望。[2] 这个偷袭计谋偏偏又被泄露了出去，金军得到情报，事先作了准备。

例（10）的真值条件与删去“偏偏”的例（10’）一样：

(10’) 这个偷袭计谋又被泄露了出去，金军得到情报，事先作了准备。

只要“偷袭计谋”的确被泄露了出去并且金军得到情报作了准备为真，那么例（10）和例（10’）就同为真。例（10）句［1］是姚平仲的预期：偷袭金营，活捉宗望，属于已知信息；句［2］“偷袭计谋被泄露了出去”是新信息，与已有信息矛盾，并且由于实际发生的新信息确信度大于作为预期的已知信息而取代旧信息。说话人通过“偏偏”的反预期规约含义标示其所修饰VP的反预期性，即计谋泄露与言者的愿望相违背。由此可推导出三层隐含信息：①言者不希望计谋泄露；②言者主观上支持姚平仲，站在他这一边；③言者感到遗憾。隐含义①和②的推导是以反预期义为基点的逆向推理，即已知$\neg P \rightarrow P$（P为预期），隐含信息②是在①基础上的进一步推导：如果言者和姚平仲的观点一样，那么他是支持姚平仲的。隐含义③与①②的推导方向相反，是以反预期义为基点的正向推理，即预期偷袭成功，活捉宗望，现实却是计谋泄露，偷袭失败，自然推导出言者失望、遗憾的心情，可公式化为$P \cap \neg P \rightarrow q$。

如果没有“偏偏”，句子只是客观陈述“计谋被泄露出去”这一事实，言者对这一事实持中立态度，既没因此欢呼雀跃，也不会沮丧不堪。从信息量或认知效果而言，例（10）大于例（10’），仅仅用了“偏偏”两个字就传达了可能要十多个字才能表达的意思：“我不希望这个发生，因此十分失望。”从听话人角度而言，“偏偏”为理解说话人的交际意图指明了方向，减少了听话人为之付出的认知努力。如果例（10）没有“偏偏”，虽然听话人也有可能根据百科知识推导出上述隐含义（即交际意图），但是这一过程要调用更多的认知语境，付出更多的努力才能获得，还未必能准确地还原说话人的本义。从这个意义而言，“偏偏”好比一个线索或抓手，引导听话人沿着正确方向理解说话人的交际意图，减少认知处理的负担。

根据关联理论和列文森的信息量原则，说话人在生成话语时需要考虑三个因素：①最大程度地增加话语的认知效果（语境效果），也就是话语所含信息量要尽可能地大；②最大限度地减少听话人话语理解时所付出的认知努力；③说得尽可能少，即只提供实现交际目的所需的最少语言信息。“偏偏”反预期义的生成和理解同时满足以上三个条件。例（11）—（13）也可作类似分析：

(11) 在谈判桌上，多少都有可能遇到不讲理的对手，在不该大声喊叫的时候，偏偏叫嚣不停，甚至还拍桌子，百般威胁。

(12) 从荷台达到吉布提航行约需 15 个小时，偏偏还赶上 6 级大风。

(13) 在施工最紧张的日子里，偏偏爱人出差，他把孩子一人放在十五公里外的家中，连续四十五个昼夜奋战在工地，家中被小偷“光顾”也不知道。

例 (11) 说话人的预期是“不该大声喊叫”，而现实情况是“对手叫嚣不停”，“偏偏”标示出这种反预期性，进而使该断言具有一个隐含义：不满或厌恶对手叫嚣不停的行为。这是基于反预期义的正向推理过程，即 $P \cap \neg P \rightarrow q$。如果没有“偏偏”，如例 (11’)：

(11’) 在谈判桌上，多少都有可能遇到不讲理的对手，在不该大声喊叫的时候叫嚣不停，甚至还拍桌子，百般威胁。

例 (11’) 仅仅描述了所谓不讲理对手的表现，似乎看不出言者态度褒贬。如果听话人根据例 (11’) 进行语用推理，可能存在两种理解方向：①不按常规行事的人是不受欢迎的（不该喊叫却叫嚣不停），言者可能讨厌这种人；②能打破常规行事是有个性的，言者可能赏识这种人。那么到底应该取哪种理解，听话人就要调用更多的认知语境来判断（比如言者的性格、为人，上下文语境等）。这无疑增加了听话人的认知负担，降低了还原言者交际意图的准确性。

例 (12) 反预期标记“偏偏”说明“赶上 6 级大风”与说话人预期相反，隐含了说话人焦急、不安的心情：大风不利航行，可能使本已很长的航行时间加长。如果没有“偏偏”，例 (12) 就有两种理解方向：①如果是顺风，六级大风有助于加快船只航行速度从而减少航行时间，那么言者应该是高兴的；②如果是逆风，六级大风掀起的巨浪可能阻碍航行从而增加航行时间，这是言者不愿意看到的。通过使用“偏偏”明确了理解方向，即应采取②而不是①的理解。

例 (13) “偏偏”说明“爱人出差”是“他”不愿意看到的事情，与预期相反，隐含“他”无奈、焦虑的心情。如果没有“偏偏”，例

(13) 也有两种理解：①爱人出差，把孩子一个人放在家里，自己正好可以全身心投入施工，不用照顾家庭；②施工最紧张的时候，最需要爱人帮忙照顾孩子，可爱人要出差，迫于无奈，只能把孩子一个人留在家里，自己继续上班。这两种理解完全是两个方向，可谓南辕北辙，通过“偏偏”使读者准确复原“他”的意图。

总而言之，“偏偏”的反预期程序义与语境信息综合后既可逆向推导出言者预期又可正向推导出言者态度，在符合省力原则的情况下最大程度地增加了语境效果，同时也为听话人理解提供线索，指明方向，从而减轻了认知处理负担。不用“偏偏”也许通过前后语境及百科知识仍然能够获得反预期义，但要付出更大的认知努力，因而关联性差。

三 “偏偏”与语篇连贯

语篇连贯性取决于认知语境的相关性，只要一个分句中的任何词语所激活的概念能与其后分句中任何词语（或它们所激活的概念）之间建立起某种联系，发现命题上的索引性，这两个语句就是连贯的。反预期标记的作用就在于把两个对立的认知语境联系起来，减少因矛盾造成的不连贯，使理解更为顺畅、连贯。

(14) 贫煤的四川，能源主角儿偏偏是煤！

(15) 图书馆里就常有类似现象，一次在北京图书馆，本来很好的读书环境，偏偏出现了两位久别重逢者，他们的大声谈话，令一旁的读书者叫苦不迭。

(16) 这样一个浅显的道理，偏偏有些人不明白，或者说心里明白，做起来难。

(17) 这些不起眼而又不容易做到的事，文明的张家港人偏偏做好了。

例 (14) 前句“贫煤的四川”激活如下认知语境：四川用煤少，可能用电、石油等替代。后句却指出“能源主角是煤”，与前句激活的认知语境完全相反，如果没有“偏偏”加以标示和铺垫，“贫煤的四川，能源主角是煤”这句话就十分难以理解，前后两句的语义呈对立状态，造成语篇的不连贯。

例（15）前句“很好的读书环境”给人的联想是环境安静、舒适，后句却指出两位久别者大声谈话，令人叫苦不迭，直接与前句激发的联想相矛盾。读者看到前句可能期待后文要具体说明读书环境如何之好，结果后句带来的新信息是环境吵闹，如果没有“偏偏”作铺垫，前后语境就会相当不连贯，造成理解障碍。

例（16）浅显的道理应该人人都懂，但“就是有些人不明白”，“偏偏”标示该信息与社会共享预期相反，从上一个语境顺利过渡到相反语境而不造成突兀感。例（17）前句“不起眼而又不容易做到的事”激活“一般人很难做到”的语境假设，但是后句的语境假设与前句正好相反，并且由于力度比前句强从而取代前句语境成为新语境假设，“偏偏”标示“张家港人做好了”这一事实与言者预期相反，进而隐含言者对张家港人的赞赏之情。

认知语境的连贯是生成连贯语篇的前提条件，认知上的不连贯必然造成语篇的不连贯。当前后认知语境相互对立时，“偏偏”能通过标示言者的反预期态度从而缓和前后语境的尖锐对立，促进语篇连贯，降低听者理解难度。

第四节　反预期标记“偏偏”的主观性

“主观性”是指说话人在说出一段话的同时表明自己对这段话的立场、态度和感情，从而在话语中留下自我的印记（沈家煊，2001）。语言的主观性主要表现在三个方面：说话人的视角、情感和认识。虽然主观性是普遍存在的，但是语言中一般只有一部分成分专门用来明确表示主观性。就汉语而言，很多语气副词、语气词、表示认识情态的助动词、某些人称代词（如“咱们”“人家”）以及若干连词等，都是这类明确表达语言主观性的成分（吴福祥，2004）。语气副词“偏偏”就是一种表达说话人情感的主观性成分。那么“偏偏”究竟表达了说话人什么样的情感？本书认为，根据反预期信息类型的不同，“偏偏”所表达的说话人情感也略有不同。下面将分别考察不同反预期信息类型下“偏偏”所表达的具体情感。

一　与社会共享预期相反的主观情态

当“偏偏”标明的是与社会共享预期相反的信息时，常常表达说话人出乎意料的情感，比如：

(1) 小五退出乐队后，经提议，由我来接替他的工作。这是我万万没有想到的，我刚到这儿几个月，他们为什么偏偏选择了我这个“外人”来担此重任呢？我竭力推辞，但大家都认定我很有实力，是主唱的最佳人选。

(2) 迫使旅鼠大迁移的原因，是因为食物短缺，可为什么它们偏偏要拼命地奔向大海，走向死亡呢？它们为什么不到其他地方去寻找生路呢？对这种奇怪的现象，至今还没有一个满意的解释。

(3) 大家的发言，基本上都是表明一种积极的支持态度，但是，谁也没有料到，农业税征收工作的主管部门——省财政厅的代表，却偏偏提出了否定意见，并且十分尖锐。

例（1）按照常理，对刚来的新人不会委以重任，但“我”却意外地“被推举”为主唱，这样的结果令说话人感到吃惊（“万万没有想到”）。例（2）与例（1）相仿，按常理，事物短缺就该去找食物，但旅鼠却奔向大海选择死亡，这样的事实让说话人意外（“奇怪的现象”），超出了说话人可以理解的范围（“没有满意的解释”）。例（3）按政府工作的常规，公开讨论的议案应该是跟上级主管部门沟通过再征询其他部门意见，因此在公开讨论时主管部门一般不会提反对意见，但结果却提了，还十分尖锐，使大家都感到十分意外（“谁也没料到”）。与社会共享预期相反的“偏偏”句往往可以添加表示意外的词或短语，如“竟然、居然、没想到、令人意外的是、奇怪的是”而不会与原句语义冲突。

二 与说话人预期相反的主观情态

当“偏偏”表示与说话人预期相反时，一部分如反社会共享预期一样表达惊讶的情感，如：

(4) 密度波只是告诉我们旋涡到底是什么，至于为什么偏偏会形成这样的密度分布，还是一个没有解开的谜。

(5) 这倒又让我奇怪了，在我前面进去的同学不亮，怎么偏偏我进去的时候会亮呢？

更多的则是表达说话人不满、遗憾或失望的情感态度，这一般是因为客观情况与说话人的意愿、期望相违背，如：

(6) 他早不来，晚不来，偏偏今儿有事，他偏偏来了，真正不凑巧！

(7) 姚明已经拥有巨大的号召力，但在火箭队他还只是个新手，偏偏球队的两个主力后卫莫布里和弗朗西斯都酷爱个人进攻而不爱传球，于是火箭队成为全联盟助攻最少的球队也就不足为奇。

(8) 然而，“树欲静而风不止”，偏偏就有那么一些不讲道理的邻居，倚仗地理上的便利，老是找我们的麻烦。

之所以认为例（6）—（8）的“偏偏”表达的是说话人的不满或遗憾而不是意外惊讶是因为“偏偏”修饰的VP的发生是正常的，可以理解的，只是与说话人的意愿不符，说话人不希望它发生。比如例（6）“他今天来”是正常的，只是因为“我今天不方便或是有别的什么事”而不希望“他来”。例（7）熟悉美国篮球的人都知道莫布里和弗朗西斯爱个人进攻不爱传球是很正常的，这就是他们打球的风格，这么做并不让人惊讶，但是说话人对他们的期望是多传球少进攻，他们没有按照说话人的期望打球自然引起说话人的不满。例（8）“邻居找麻烦”也是常有的事，没什么奇怪的，只是与“我们”的愿望相违背。上述例句均不能添加“竟然、居然、没想到、令人意外的是、奇怪的是”等表意外态的语句也从另一方面说明此处并不表示“出乎意料”。

正是在这个意义上，王力把“偏、偏偏”归入不满语气。他指出，此类用“偏”字，表示和说话人或对话人的意思相反或和感情相反（王力，1985：175）。

三 与听话人预期相反的主观情态

当“偏偏”表示与听话人预期相反时，表达的往往是说话人决心要进行某动作的强烈意志，比如：

(9) 张学良将军他不吸烟，也不允许别人在他面前抽烟。我当时就偏偏要叫副官给我拿过香烟来，我偏要当着他少帅的面，抽烟。

（10）你说今天中午吃面条，我偏偏给你做一锅红薯稀饭，而且还要给你讲一讲为啥要做稀饭的道理。

例（9）张学良不允许别人在他面前吸烟，对“我”的预期自然是不吸烟，但我一定要“反其道而行之”，偏偏叫副官拿过香烟来。这里的“偏偏”不再表示说话人的意外或不满情绪，而表达了他坚决要做某事的强烈意志。例（10）听话人“你”的预期是中午吃面条，可“说话人”做的却是红薯稀饭，与听话人预期不符，“偏偏”体现了说话人的强烈意志。“偏偏”的这种用法与“偏”相近，上例中的“偏偏”均可换成“偏”，也就是范伟（2009）说的“主观故意”，即说话人故意做出与听话人预期相反的行为。这类“偏偏”的主语一定是有生性的，即生命度高有自由意志的，一般是人，而不会是无生命的物体。但“偏偏”表示与说话人预期相反时，它的主语可以是无生命的，如例（10）的“路牌”。

上述三类反预期信息中，“偏偏”表达反听话人预期信息的比例最少，只有3.4%左右，大部分“偏偏”表示说话人意外或不满的情感，表达了对所在句子命题的态度和评价。就主观性的强弱而言，范伟（2009）指出，与“偏”相比，“偏偏”的主观性更强，因为前者是主语取向，表达句子主语的意志意愿，而后者是言者取向，无论“偏偏”句有没有语法主语，它都有一个言者主语，即说话人，是说话人主观态度的直接表现。言者主语比句子主语的主观性更强。

第五节　小结

语气类反预期标记以语气表达说话人反预期态度，本章探讨了语气类反预期标记的总体特征和反预期表达类型，该类标记的显著特点是反预期的表达主要通过语气来实现，主要包括语气副词、语气助词和叹词，常见成员有“居然、竟然、竟、偏偏、偏、并、又、也、倒、反倒、反而、还、甚至、啊、咦”等，具有较强主观性，可以表达全部三种反预期信息，享有反预期标记所有的性质和功能特征，是一类典型的反预期标记。根据前三章建立的理论框架对传统语气副词“偏偏”从反预期表达及其相关功能作了重新分析，主要结论如下：

性质上，“偏偏”符合反预期标记的所有特征。“偏偏”是语气副词，主要位于句中，也可以出现于句首；在话语中一般不重读；不增加所在语句的命题内容，也不影响句子的真值条件，其主要作用是强调客观事实与预期相反，具有主观性和程序性。

功能上，“偏偏”表达的反预期信息类型以反说话人和社会共享预期为主（两者约占96.6%），表达说话人惊讶、不满、遗憾的主观情态。极少数“偏偏”表达与听话人预期不符的信息，这么用时表示说话人决心要进行某种动作的强烈意志。“偏偏”同时也具有凸显所在句子焦点的作用，做状语修饰谓语时凸显谓语焦点，修饰名词短语或状语时，凸显的是论元焦点，出现于句首时一般凸显句子焦点。

“偏偏”的反预期程序义与语境信息综合后既可逆向推导出言者预期又可正向推导出言者态度，在符合省力原则的情况下最大程度地增加了语境效果，同时也为听话人理解提供线索、指明方向，减轻了认知处理负担，体现了反预期标记的语用制约功能。

“偏偏”常出现于两个对立的认知语境之间，通过标示言者的反预期态度从而缓和前后语境的尖锐对立，减少因矛盾造成的不连贯，使理解更为顺畅、连贯。

第五章

疑问类反预期标记及“怎么”

第一节　疑问类反预期标记概述

一　疑问概说

疑问是语气的一种，本书将疑问从语气类反预期标记独立出来是因为疑问句没有真值条件意义，这点与语气类反预期标记所在的陈述句有较大区别，为了更好地考察疑问类反预期标记的特点，特将其从语气类反预期标记中分离出来，单列一类。

（一）疑问句的分类

表达疑问语气的句子被称为疑问句，它与陈述句、祈使句和感叹句一道构成了四大基本句类。疑问句以其独特的形式标记和表达功能成为汉语句类研究的重点。长期以来，学者们对疑问句的内部分类有不同意见，归纳起来有“二分法”（吕叔湘，1942）、“三分法”（朱德熙，1982）和“四分法”（黄伯荣，1958）三种分类标准。无论哪种分类最后都得出四个小类，即是非问、特指问、选择问和正反问，区别仅在于各小类的层次关系上。各类例句如下：

（1）a. 是非问句：你是中国人吗？/快上课了？
　　b. 特指问句：谁去美国了？/他昨天去哪儿了？
　　c. 选择问句：你们吃香蕉还是苹果？
　　d. 正反问句：你去不去？/你喜不喜欢北京？

张伯江（1997）认为上述问句的区别在于疑问域大小的不同，特指问句的疑问域是一个点（该点由疑问代词表示），选择问句的疑问域是局部，即一个包含析取关系的集合，而是非问句（包括正反问）的疑问域是整个命题，即整体。戴耀晶（2001）从疑问句答句可选择的数目变量角度将上述四种疑问句归为两类：一类是二值变量疑问句，包括正反问和是非问。这类疑问句提供了两个可能世界【A，－A】，相互之间是矛盾关系，A 和－A 涵盖了整个语义域，选择范围具有封闭性。回答时或者选择肯定的正值，或者选择否定的负值。另一类是多值变量疑问句，包括特指问和选择问。这类疑问句提供了多个可能世界【A，B，C，D……】，语义域中的成员数量不定，相互之间不构成矛盾关系，选择范围具有开放性。

（二）疑问句的疑问程度

疑问句不仅有结构形式的区别（体现为上述四类问句），还有疑问程度的差别。吕叔湘（1942）曾按疑问程度将疑问语气分为三类：询问、反诘、测度。询问是疑而且问，反诘有疑问之形而无疑问之实，是不疑而故问，而测度介乎疑信之间。也就是说，从疑问程度而言，询问 > 测度 > 反诘。

徐杰、张林林（1985）将疑问程度量化，分为四个等级，参数分别为：100%，80%，60%，40%，他们认为疑问程度与疑问句式的选择有关，如当对对方一无所知时（假定疑问程度的参数是 100%），我们只能用特指问句来发问：“你是谁?”如果对对象有了一定的了解（假定疑问程度的参数是 80%），可能会这样问：“你是不是小王?”或“你是小王吗?”当对对象有了更多的了解，比方知道他不会超出“小王或小刘”这个范围（假定疑问程度参数为 60%），就可以问：“你是小王还是小刘?”如果对被问者有了比较多的知识，基本知道他是谁，但不能肯定（假定疑问程度参数为 40%），我们就要问：“你是小王吧?”

邵敬敏（1996）也认为对疑问程度起决定性作用的是疑问句类型，他指出正反问的疑惑程度居中，即信疑各为 1/2，特指问对所询问对象完全不知，疑惑程度最强，即信 0 而疑 1，反诘问答案就在问句中，没有什么疑惑的因素，即信 1 疑 0，“吗”字是非问句则为信 1/4 而疑 3/4，“吧”字是非问句为信 3/4 而疑 1/4。

综合徐杰、张林林和邵敬敏的观点，我们似乎可以将各疑问句式的疑问程度依次排列如下，特指问 > “吗”字是非问 > 正反问 > 选择问 > “吧”字是非问 > 反诘问。

（三）疑问句的功能

疑问句的基本功能是“询问”，属于它的直接言语行为，但是语言学家们也注意到疑问句功能的复杂性：不仅可以实施“询问”这一直接、单一言语行为，而且可以广泛地实施间接言语行为。尹洪波（2007）考察了现代汉语疑问句的言语行为类型，总结出指令、断定、应酬、阻止、反驳或申辩、责怪、催促、提醒等八项功能，举例如下：

（2）a 能不能把你的《牛津词典》借给我用几天？（指令，请求）

b 还有不吃腥的猫？（断定，没有不吃腥的猫）

c 吃完饭啦？（应酬，问候）

d 瞧你说到哪里去了？（阻止）

e 余母：老丫头，没有你张嘴的份儿！

余志芳：我怎么不该张嘴呢？我们要为人民服务，你们老太太有什么权利拦着我们呢？（反驳、申辩）

f 你怎么就不会说句人话？（责怪）

g 大妈（在屋中）：二嘎，二春满世界找你，叫你上学，你怎么还不去呢？（催促）

h 鲁侍萍（见周萍惊立不动，顿足）：糊涂东西，你还不跑？

任晨霞（2002）则考察了日语疑问句的间接言语行为类型，指出除询问外，疑问句还能表达陈述性功能（提供信息、表达判断或主张）；指令性功能（表请求、命令、劝诱、禁止、警告）；言明性功能（表决心、表申请）和表态性功能（惊讶、喜悦、赞叹、悲伤、愤怒、嘲笑、后悔、担心、希望）。

Mchoul（1987）从功能角度将疑问句分为 Q－类疑问句（questionnaire－type）和 N－类疑问句（negative－type），前者是带有调查性的疑问句，以直截了当的方式向听话人探询信息；后者是带有否定性的疑问句，说话人发问的同时也在谈论该问句所涉及的某事或某人，并作出带否定性的行为，如反对、警告、抱怨、侮辱、怀疑、责备和威胁等。这两类疑问句可以通过他们的回答来区分。对 Q－类疑问句，听话人的回答一般是会提供说话人期待的事实或信息，而对于 N－类疑问句，听话人的回答可能是辩护、承认、借口、证明等。Mchoul 清晰地界定了疑问句的信息探询和非信息探询两大功能。疑问句表达言者的反预期态度多与其非信息探寻功能有关。

二 疑问类反预期标记的表现形式

现代汉语构成疑问句的手段有疑问语调、疑问语气词和疑问代词，这三种手段都可以作为反预期标记的表现形式。

（一）以疑问语调表达反预期

陈述句加上疑问语调就成了疑问句，沈炯（1985）认为现代汉语的疑问语调不是一般语法书上所说的句尾升调，而是一种音域下限提高的句尾高调。在不含疑问语气词的是非问句中疑问语调必用，单独负载疑问信息，在其他问句中可用可不用。疑问语调构成的疑问句属于是非问句，在特定语境下可用来表达发问人的反预期态度，比如：

（3）（语境：甲在乙处买水果，问车厘子价格，乙回答“90 块一斤”。）

甲：车厘子要这么贵?

乙：从美国运来的，当然贵了。

“车厘子要这么贵?”是仅由疑问语调构成的问句。车厘子 90 块一斤的价格可能大大超出了甲的预期，甲有些不相信，进而产生疑问，就疑问程度而言不是百分之百的全疑而问（乙已经明确告知甲价格），大概是 3/4信，1/4 疑，甲质疑的是“车厘子 90 块钱一斤”的价格。这其中有一个隐含义即“车厘子不应该这么贵”，使该疑问句带有否定性意味。因而与一般是非问句不同，发话人问话的用意不在于向听话人寻求一个“是”或“否”的回答，而更倾向于寻求一个解释，即“为什么要这么贵”。这也是乙为什么不只回答“是”而要给甲一个解释“因为从美国运来的，所以贵”的原因。再如：

（4）（语境：甲和乙是亲戚，甲把乙骗进了传销组织。）

乙：咱们一家人，你把我骗进火坑?

甲 1：唉，我也是迫不得已啊。

甲 2：是的。

乙的预期是“甲是亲戚不会骗自己”，但事实却是把乙骗进了传销组织，与乙预期相反，乙的是非问句不再是信息探询功能，疑问程度很低，更多的是责怪和质询甲。甲 1 的回答解释了骗乙的原因，在这里是合适的，而甲 2 仅回答“是”就显得不大自然，除非甲故意要害乙。

以疑问语调表达发问人反预期态度的一种典型形式是回声问。回声问一律为是非问，可能带“吗”“吧”等语气词也可能仅带疑问语调。回声问有狭义和广义之分，如果把先导句记为 A，针对 A 句的回声问记为 B，狭义的回声问就是指 A 为疑问句，B 根据 A 的内容和形式来重复发问；广义的回声问不仅包括上述这类，还包括 A 为非疑问句，B 根据 A 来重复发问也算回声问（邵敬敏，1996），比如：

（5）a 甲：你是谁？
　　乙：我是谁？
b 甲：克里米亚并入俄罗斯了。
　　乙：并入俄罗斯了？

（5a）属于狭义回声问，（5b）属于广义回声问，本文对回声问取广义理解。回声问在交际中的主要功能是表示听话人（乙）对说话人（甲）的问题不清楚、不相信、不理解或不同意，因而重复发问。在听话人重复发问时，往往带有一定的感情色彩，如惊奇、怀疑、不满等（刘月华，2007：803）。如（5a）可能是听话人（乙）没听清说话人（甲）的问题，重复发问以向甲确认；（5b）听话人可能没想到克里米亚会并入俄罗斯，重复发问并不是因为没听清说话人的话，而是对此表示不相信或不理解，从而带有惊讶、怀疑的感情色彩。我们认为表示不相信、不理解的回声问与反预期表达密切相关，新信息与预期不符往往造成听话人对新信息不相信、不理解的态度，进而带有意外的感情色彩。比如：

（6）潘月亭：（突然想起来）哦，小东西怎么样了？你难道还没有把他找回来？

陈白露：找回来？他等于掉在海里了。　（曹禺：《日出》）

（7）鲁四凤：要是没有灯，你千万不要来。

周萍：　不要来？

鲁四凤：那就是我改了主意，家里一定有许多人。（曹禺：《雷雨》）

例（6）属于狭义回声问，潘月亭用反问句暗示陈白露应该已经把小东西找回来了，陈白露用回声问表达否定性信息，即没把小东西找回来，这与潘月亭的预期相反，是反听话人预期；例（7）则是广义回声问，鲁四凤告诉周萍如果没灯就不要来，这一信息与周萍的预期相反，属于反说话人预期。因此他用回声问质疑四凤，是想问她不要来的原因。四凤的回答正是解释了原因，而不仅仅给一个简单的“是”或“否”。

以疑问语调表达反预期的问句属于 Mchoul（1987）的 N－类疑问句（negative－type）。说话人发问的同时也在谈论该问句所涉及的某事或某人，并作出带否定性的行为，如反对、怀疑、责备和惊讶等。对于这类疑问句，听话人的回答可能是辩护、承认、解释、证明等。

（二）以疑问语气词表达反预期

现代汉语疑问语气词主要有“呢”“吗”和“吧”三个，其中“呢”常与疑问代词配合构成特殊疑问句，“吗”和“吧”用于是非问句并且“吧”比“吗”的疑问程度低，带有揣测意味。“呢”构成的特殊疑问句存疑程度最高，行使疑问句的询问功能，一般不表达反预期态度。“吗”和“吧”一般也表达信息探询功能，但某些句法格式的“吗”和“吧”字疑问句能表达反预期义，比如：

（8）（语境：张三是校园风云人物，李四在学校看到张三的海报问同学王五。）

李四：这是谁？

王五：你不认识张三吗？他是咱们学校的名人啊！

（9）（语境：张三告诉李四明天他要去上海，第二天李四在学校看到张三。）

李四：你没去上海吗？

张三：别提了，昨晚临时通知我不用去了。

（10）这就是北京吗？怎么与我想象的一点都对不上号？在我的

想象中，北京是一个高楼林立、马路宽敞、一尘不染、金碧辉煌的天上人间，而我现在所看到的北京竟是如此的脏、乱、差！

例（8）的问句格式为“不……吗”。王五以为（预期）同学李四认识校园名人张三，因此当李四看到张三的海报问这是谁时与王五预期不符。王五的问句“你不认识张三吗”并不想从李四那获得“是”或“否”的回答，而只是表达对“李四不认识张三”这一命题的疑惑态度，即他认为李四不应该不认识张三，但事实却是李四的确不认识，与王五预期相反，由此对这一事实提出质疑。李四对王五问句的恰当回答应该是解释自己不认识张三的原因，而不仅仅是一个简单的“是”或“否”。同样，例（9）李四的预期是张三去上海了，当他在校园里看到张三时感到很意外，用“没……吗”格式问句表达了自己的反预期态度，意在询问张三没去上海的原因。例（10）的问句格式是“就是……吗”，“我”来北京之前，想象中的北京是一尘不染、金碧辉煌的天上人间，到了北京后，看到的却是脏、乱、差的环境，现实与预期完全相反，言者用“就是……吗”疑问句表达了自己的反预期态度。

上述能够表达反预期的“吗”字疑问句在结构上的特点是带有“不”“没”“就是”等明确表达否定或肯定的词语，如果去掉这些词语，问句就基本不能表达反预期功能，而仅仅是普通表示询问的是非疑问句了。张伯江（1997）指出，“吗”前的命题中有“就、只、连、是、没、不”等明确表示肯定或否定态度的词语使命题有了明显的肯定/否定倾向，已不是中性命题，针对这样的命题询问当然是怀疑的态度了，所以这些句子都是倾向于怀疑的。当事实与预期相反时，一个自然的反应就是怀疑。

再看表达反预期功能的“吧”字问句的特点，比如：

（11）（a）前方路上，左右各停一车，一正一反，哼哈二将，正将道路把住，只留一道小缝供一车爬行。久居此地的朋友便说：“[别不是] 两个司机又聊上了 [吧]？”

（b）“你 [不会是] 认真的 [吧]？”帕林吃惊地说。这种地方当马厩我都嫌烂，更别提住在这边了！

（c）后来我又想，是不是我理解错了谌容的意思，她说的心爱之物 [该不是] 金银首饰 [吧]？

(d) 当摸到佐罗的小肚子鼓起一块时，媳妇儿顿时大声惊呼了：“妈呀！[别是] 吃了耗子 [吧]?”

上述“吧”字问句在结构上都带有否定成分，“吧”前部分是言者的预期，如“你不会是认真的”“不是两个司机又聊上了”“她的心爱之物不是金银首饰”，但是现实情况让言者开始怀疑自己，认为有理由相信，自己先前的认识出了问题，言语事实很可能将与他的预期相反。在这种情况下，言者通过“吧”质疑原先的预期，表达言者的反预期推测态度，在表示推测的同时句子多多少少带有一些“询问”意味，更希望对方或事实给予确认。比如例（11b）“这个地方”的环境比马厩都不如，帕林本没想到对方会愿意住，但是种种迹象表明对方可能真的在考虑住这里，使帕林意识到实际情况可能与自己预期相反，于是通过疑问语气词“吧”表达自己的反预期推测态度，同时带有询问意味，希望对方对自己的猜测加以证实。其反预期心理体现在：原有预期“你不会认真考虑住这”的不合适出人意料，与之相反的现实“你是认真想要住这”的可能实现更是不可思议。这从后文帕林“吃惊地说”中可得到支持。

例（11a）、例（11c）和例（11d）也可以作类似分析，陈振宇、邱明波（2010）把这种带有否定结构的推测问称为反预期语境中的修辞性推测问，他们认为由强否定转变为弱肯定的机制是反预期语境和语用尺度的颠倒，即原本位于语用尺度低点“不应该实现”的情况和高点“应该实现”的情况的实现可能性颠倒了。

（三）以疑问代词表达反预期

疑问代词的基本功能是表示疑问，现代汉语的疑问代词有问人的“谁”、问事物的“什么”、问处所的“哪儿”、问方式和性状的“怎样、怎么”等。除表示疑问外，疑问代词还有非疑问用法，关于非疑问用法的种类学者们有不同意见，有的分为反问、任指、虚指三类（丁声树，1999；刘月华等，2001），有的如王松茂等（1983）分出任指、虚指、反问、确指、否认或谦虚、感叹、质问、程度、委婉、列举等11种用法。本书认为，疑问代词表达反预期也是非疑问用法的一种，能用来表达反预期的常见疑问代词有“什么”“怎么”等。

不少学者已经注意到“什么”和“怎么”在某些条件下可以表示说话人惊讶、诧异的感情。邵敬敏（1996）指出，“什么”独用时，除表示没听清追问的一般用法之外，还可以表示惊讶、出乎意料的意思，他举的例子如下：

（12）蒋纪：我……我要走了，请给我一点盘缠……
秋瑾：什么？这时候向我要盘缠？

（13）周朴园：我听人说你现在做了一件很对不起自己的事情。
周萍：（惊）什——什么？

这两例中，“什么”用在句首，单独成句，表示说话人对接收到的新信息的惊讶态度，例（12）秋瑾事先没料到蒋纪会在这个时候向她要盘缠，在这里“什么”并不是没听清而要对方重复话语的询问，而是表达言者对新信息的吃惊态度。例（13）周萍以为父亲知道了自己和四凤的事，而这是出乎周萍意料之外的，“什么”也不表示没听清，而是起到了反预期表达的功能。

疑问代词“怎么”既可以询问方式，也可以询问原因。询问原因的“怎么”相当于“为什么”，差异在于，“怎么”问原因时含有明显的奇怪、惊讶、诧异的因素。说话人用“怎么”时，往往已有自己的看法、想法，而当前发生的事或听到的话与自己的看法、想法不同，或认为发生的事超出了常规、常态，所以感到诧异、奇怪，整个句子含有“没有料到”“不该如此”的意思（刘月华，1985）。有关“怎么”的反预期表达功能在下面有专门讨论，此处不再赘述。

以上总结了疑问类反预期标记的几种形式：疑问语调、疑问语气词和疑问代词。当新信息与预期不符时，人们的自然反应一般是诧异，进而疑惑，想要追问反预期的原因，这是以疑问表达反预期的心理基础。常见的疑问类反预期标记有疑问代词“什么”“怎么”，疑问结构式“就/只/是/没/不……吗”、“不会是/该不是/别不是/别是……吧”、回声问等。

三 疑问类反预期标记的总体特征

（一）疑问类反预期标记的性质

疑问类反预期标记成员较少，与其他三类在性质上的最大不同是不可删除性。疑问类反预期标记是构成疑问句的必要条件，删去后所在句子不成立。语气类、否定类和转折类反预期标记多出现于陈述句与感叹句，不是所在句子的必要成分，不影响句子的真值条件意义，删去后句子依然成立。试比较：

（14）a 你没去银行吗？
b 才几天他居然就忘记了。
c 好不容易把孩子哄睡了，谁知刚放下他又醒了。
d 罗杰学了三年汉语，但是一个汉字都不会写。

例（14b－d）的反预期标记“居然”“谁知”和“但是”均可删除而不影响句子合法性，唯独（14a）疑问类反预期标记“没……吗”不能删去。

语音上，除“怎么”外（详见本章第二节“三”），该类其他反预期标记均可以重读，如反预期标记“就/只/是/没/不……吗”“不会是/该不是/别不是/别是……吧”，由于这些标记带有肯定焦点“就”“只”或否定焦点“不”“没”，在话语中常常需要重读。

此外，疑问类反预期标记往往需要满足特定的句法条件才具备反预期表达功能，比如疑问代词“怎么”不是出现于任何句法环境下都能表达反预期（详见本章第二节），疑问语气词“吗”和“吧”要与特定成分配合才能表达反预期。

（二）疑问类反预期标记的功能

当实际情况与人们预期不符时，一种常见的反应就是质疑，主要表现为询问这种与预期不符情况发生的原因。因此疑问类反预期标记主要表达与说话人和社会共享预期相反的信息，不能表示反听话人预期信息。比如：

（15）a 这就是美国的大城市吗？都没什么高楼大厦，比上海差远了。
b 活动八点开始，现在都九点了他还没来，该不会是忘了吧？
c 这里的河水怎么是黑的？

（15a）言者去美国之前可能从电影电视上获得的对美国的印象是遍地

高楼大厦，由此形成如上预期，但到美国后发现，城市并没有太多的高楼，新信息与原有预期相悖并且在确信度上大于预期，说话人用“就是……吗”表达怀疑、意外的反预期态度。（15b）活动八点开始，并且言者确信“他”知道开始的时间，由此形成“他应该八点前到”的预期，但“他”到九点都没出现，与说话人预期相反。（15c）的情况略有不同，一般而言，水是无色透明的，在阳光下呈现绿色或蓝色，这已成为社会所普遍接受的共识。当看到黑色的河水时，与言者头脑中“河水无色透明”的社会共享预期不符，“怎么”标示这一情况的反预期性以及言者惊讶疑惑的情感态度。

疑问类反预期标记的信息提示功能表现为能触发句子的隐含义，该隐含义就是言者的预期。仍以例（15）的三句分析，（15a）除了有“对这就是美国大城市的样子表示疑惑”的字面显性义外，因反预期标记“就是……吗”之故，还有一层“这不应该是美国大城市的样子”的隐含义。（15b）是“吧”字测度问，其字面显性义是对“他该不会忘了”的确信度较高的疑问句，“该不会……吧”反预期标记又触发了一个“言者之前认为他应该记得”的隐含义。（15c）的显性义是“对这里的河水是黑的表示惊讶和疑惑”，除此之外，还有“河水不应该是黑的”的隐含义，这个隐含义就是由反预期标记“怎么”带来的，如果删去“怎么”，这层隐含义也随之消失。有关疑问类反预期标记触发隐含义的功能在下节讨论“怎么”时还会详细谈到，此处不再赘述。

疑问类反预期标记一般出现于对话语境，所在小句独立成句，前面一般没有分句，这与其他三类反预期标记不同，故疑问类反预期标记促进语篇连贯的功能不强，试比较：

（16）a 他又小又瘦，跑起步来还挺快！

b 初中生体重猛增，可是肌肉的拉力强度仍然较弱，显得比较娇嫩。

c 耆英费尽苦心调停于外人与广州人民之间，不料双方愈闹愈起劲。

d 宋蔼龄摇摇头，笑道：“你该不是从夜郎国来的吧？”

e 我说，什么方子？不会是冰毒配方吧？我心里还真吓了一跳，以为刘招华会在号里开制冰速成班。

例（16a）到例（16c）分别有语气类反预期标记“还”、转折类反预期标记“可是”和否定类反预期标记“不料”，这些反预期标记所在小句与前句语义对立矛盾，如果没有反预期标记会造成语篇的不连贯。例（16d）和例（16e）分别有疑问类反预期标记“该不是……吧”和“不会是……吧”，均出现在对话中，语篇连贯功能较弱。

疑问类反预期标记的总体特征具有主观性、不可删除性，其概念意义较强，除“怎么”外，可以重读，在话语中具有触发隐含义、语用制约的功能，但语篇连贯功能不强。下面具体论述反预期标记“怎么”的特点和功能。

第二节　“怎么”作为反预期标记

一　疑问代词“怎么”的基本分析

《现代汉语词典》（第六版）把“怎么”释义为：①询问性质、状况、方式、原因等：这是～回事？这个问题该～解决？他～还不回来？②泛指性质、状况或方式：你愿意～办就～办。③虚指性质、状况或方式：不知道～一来就滑倒了。④有一定程度（多用于否定式）：这出戏他刚学，还不～会唱（＝不大会唱）。上述释义其实体现了疑问代词“怎么”的两类功能：疑问用法（义项1）和非疑问用法（义项2、3、4），前者包括询问方式、原因、性状等，后者包括反问、虚指、任指等功能。

（一）“怎么”的疑问用法

1. 询问方式

“怎么”表示询问方式时只位于主谓之间做状语，紧挨着动词，可记为“NP＋怎么＋VP”，蔡维天（2007）称之为动词组层次的状语或内状语。“怎么”的询问对象是动作实现的方式，疑问域是句子中心某个特定成分，出现在情态助动词、量化副词、否定词的范域之内。“怎么”是句子的疑问焦点，需要重读，如“这事我该′怎么去跟他说？”“他′怎么学会说广东话的？”这些句子是全疑而问，要求对方回答某种信息。

2. 询问原因

“怎么”询问原因时有两种句法格式：“NP＋怎么＋VP”和“怎么＋NP＋VP”，既可在主语后也可在主语前，位置相对灵活，被称为句子层次的状语或外状语。“怎么”的询问对象是事件发生的原因，疑问域是整个句子。可以说“怎么”在一定程度上已经超越了其所在的句子，它是作为一个独立的层面与句子发生关系，正是这种相对独立的语义，使得询问原因的“怎么”在句法位置上也呈现出比较灵活的特征（肖治野，2009）。

“怎么”询问原因时语义上相当于“为什么”，语用上却存在与“为什么”不同之处。邵敬敏（1996）指出，“为什么”总是老老实实询问原因，要求对方予以明确回答；而“怎么”疑问句询问原因的同时，总是表示一种出乎意料，不以为然的态度。张秀松（2008）也认为“怎么”询问原因时“带有言者不满或惊讶的主观情态，是一种假性疑问，真正的话语功能是责备或惊叹”。比如：

（1）a 怎么每个人都看着我？
b 下这么大的雨，你怎么来了？

上述例句在询问原因的同时还传递了问话人出乎意外的惊讶态度：（1a）说话人不觉得“每个人都应该看着我”，（1b）说话人也没想到“下这么大的雨你会来”。同样是询问原因的“怎么”，位于句首和句中时还有细微差异。邓思颖（2011）认为句首的“怎么”表达了较强的语用意义如惊异，有较弱的疑问功能；而句中“怎么”的语用意义相对较弱，疑问功能相对较强。邵敬敏（1996）指出，句中的“怎么”也表示惊异，只是程度不如位于句首那么强烈。

3. 询问性状

询问性状的“怎么”在句中一般做定语或谓语。吕叔湘（1982：177，2007：651）指出，“怎么”可以做定语，构成“怎么＋一＋量＋名”结构，询问性状，意思和“一＋量＋什么＋名”差不多。如：这是怎么一回事？｜那儿是怎么一个情况？

丁声树（1999：160）、朱德熙（1982：91）都曾指出，“怎么”可以做谓语，是谓词性代词，询问状况，句末用“了”（“啦”）。比如：你怎么啦？｜参观的事怎么了？都安排好了吗？

（二）“怎么”的非疑问用法

无论是询问原因、方式还是性状，尽管疑问程度可能存在高低，都还属于“怎么”的疑问用法，但在很多情况下，“怎么”并不表示疑问，这就是疑问代词的非疑问功能，主要有反问、虚指、任指等，本书把虚指和任指统归为指代。

1. 反问

问句一般是有疑而问，希望对方回答，但有时候说话人并无所疑，只是用问句的形式表示肯定或否定，这种无疑而问的句子就被称为反问句。疑问句的所有类型都可用于反问句，但以是非问句和特指问句居多。反问句的特点是：以否定形式出现的句子用来加强肯定的表述，以肯定形式出现的句子用来加强否定的表述（刘月华等，2001：794）。与疑问句不同，反问句不需要获得信息，它的价值在于所传达的语气的特殊性上（肖治野，2003）。邵敬敏（1996）总结了反问语气在不同交际场合显示出的六种不同语用意义：困惑、申辩、责怪、反驳、催促、提醒。

询问方式和原因的“怎么”都能构成反问句，肖治野（2003）认为，“怎么”构成的反问句从形式上可分为四类（格式中的 A 为前提句）：①：A，怎么 + 能愿动词 + VP；②：A，怎么 + VP；③：A，怎么 + 副词 + VP；④：A，怎么 + 这么/这样 + VP | A，怎么 + 这 + 量词 + NP。

当说者说“怎么 VP?”时，就疑问句而言，是询问通过什么方式或依据什么理由来实现；而在反问句中，由于有前提 A 指出已经不存在实施 VP 的方式或理由，所以句子所表达的其实是“不可能 VP”或“不应该 VP”（肖治野，2003）。比如：

（2）a 作为领导干部，不解决矛盾怎么让社会前进?！怎么让经济发展?！

b 大哥，你家里也不富裕，我们怎么能拿你的钱呢？

（2a）由于事件 A（领导干部不解决矛盾）的存在，导致不可能 VP 或无法 VP（社会不能进步，经济无法发展）。（2b）由于前提 A（大哥家里不富裕），在情理或道理上不应该允许 VP 实现（不能拿大哥的钱）。

2. 指代

“怎么”的指代功能包括任指和虚指。所谓任指是在所说及的人或事物的范围之内没有一个例外（王力，1985），也就是朱德熙（1982）说的周遍性。“怎么”表任指时，后面常用“也、都”呼应，前面可用“不

论、无论、不管”等，如“怎么让他唱他也不唱。|不论怎么困难都得按时赶到预定地点”（吕叔湘，2007：652）。

虚指是“指称不知道或说不出来的人、事物、处所、时间等”（朱德熙，1982），也就是王力（1985）说的“代替说不出的事物”，如“他把怎么来怎么去都告诉了大家|这种花怎么繁殖、怎么种、怎么管理我都知道”。

二 “怎么”的反预期表达功能

不少学者已经注意到“怎么”询问原因时与“为什么”的差别：带有言者奇怪、诧异，出乎意料的主观情态（邵敬敏，1996；张秀松，2008）。刘月华（1985）敏锐地指出，说话人用“怎么”时，往往已有自己的看法、想法，而当前发生的事或听到的话与自己的看法、想法不同，或认为发生的事超出了常规、常态，所以感到诧异、奇怪，整个句子含有“没有料到”“不该如此”的意思。刘月华所说的其实就是“怎么”的反预期表达功能。不仅询问原因的“怎么”能够表达言者的反预期态度，而且“怎么”的反问用法也与反预期有关，两者都表达与说话人预期相反的信息。该信息可分为事实、事件与认知、观点两大类。当该信息（对说话人而言是新信息）是事实、事件时，新信息强度大于说话人预期，即说话人认为新信息比自己的预期更可靠，更正确，预期被新信息取代；若该信息为某种认识、观点时，强度小于说话人预期，即说话人认为自己的预期比新信息更可靠、准确，那么新信息被预期取代。

（一）事实或事件与说话人预期相反

询问原因的“怎么”疑问句，“怎么”询问对象是事件的起因，疑问域是整个句子所代表的事件或命题。发问人疑惑的是整个句子的意思，质疑事件发生的合理性。之所以怀疑事件合理性是因为说话人心中本有一个预期，但发生的事件与预期不符，且确信度高于预期，说话人虽然疑惑不解但仍只能接受并取代原先的预期，只是心中仍有疑惑所以用“怎么”询问事件发生的原因，比如：

（3）老弟呀，你没搞错吧，这儿可是我的地盘哟，我刚回趟老家，地盘怎么就被你占了？

（4）妈妈，怎么河水这么黄？

上述例句代表了“怎么”反预期表达的两种基本格式：S＋怎么＋Z＋VP（例3）；怎么＋S＋Z＋VP（例4）。其中的Z代表动词结构前的其他修饰语（状语）。例（3）言者预期是“我的地盘别人不能占着”，现实情况是“我的地盘被别人占了”，言者询问的不是“地盘如何被人占的”，而是对“地盘被你占了”这一事件的疑惑，即说话人认为该事件不应该发生，进而询问这个反预期事件发生的原因。

例（4）“怎么”的疑问域是“河水这么黄”这个句子命题，如果发问人在日常生活中接触到的河水大多是清澈透明的，那么当他看到一条黄色的河流时因为与原有认识（预期）相悖就会感到惊讶和疑惑，进而想要追问产生这一现象的原因。设想另一个情形：如果言者见过的河水都是浑浊不堪的，由此形成河水本就是黄色的预期，那么当他看到一条清澈的河水时，就会惊讶地问“河水怎么这么清澈？”与“为什么”相比，“怎么”怀疑的命题对发问人而言总是新信息，即“河水是黄的或清澈的”是发问人事先不知道或没想到的。只有当发问人把新信息经过处理变为已知信息后，才会用“为什么”询问该已知信息的原因。当人们问“河水为什么是黄的？”时，是把“河水是黄的”作为已知信息和前提来接受的。

“怎么”表达事实或事件与说话人预期相反时往往以询问原因的特殊疑问句形式出现。就反预期的惊讶程度而言，S＋怎么＋Z＋VP（例3）<怎么＋S＋Z＋VP（例4）。刘焱、黄丹丹（2015）指出，位于句首并与后续小句有停顿的“怎么”是话语标记，具有反预期表达功能（如，“怎么，你们不认识吗？”），本书认同刘、黄的观点，但认为这个“怎么”是具有反预期表达功能的话语标记，是反预期标记“怎么”进一步语法化的产物，关于反预期标记和话语标记的异同及两者之间的演变关系详见本书第七章及第八章的讨论。

（二）认识或观点与说话人预期相反

表达认识或观点与说话人预期相反的主要是“怎么”构成的反问句。反问句本质上表达的是一种否定意义，其言语行为功能由询问转变为否定。吕叔湘（1982）先生早就指出：“反诘实在是一种否定的方式，反诘句里没有否定词，这句话的用意就在否定，反诘句里有否定词，这句话的用意就在肯定。”反问句总是否定某种观点或认识，该观点或认识与发问人的相反，并且发问人认为自己的观点比对方正确，虽然采用疑问的形式其实全然无疑，意在否定。反问句的反预期表达功能是指他人观点或认识与说话人预期相反，说话人通过反问口气否定他人观点，间接告诉别人他的行为不合情理。比如：

(5) 他们写剧本并不是想把电视剧变得好看，而完全是为了一个目的：出名！出名的目的是什么，很简单，为了利！以这样急功近利的心态写剧本，怎么能把剧本写好？

(6) 这时，正是部队训练的黄金季节，而且部队在前期工程施工中已投入近万个工时，怎么好再开口求援。

(7) "我们没有别的人可找了……" 女工们说得心酸。廖莉莉说："中国那么大，当官的那么多，怎么没人可找？"

例（5）有人（他们）认为"写剧本是为了名利"，与言者观点"写剧本不能为了名利"相反，"怎么能把剧本写好"表达的意思就是"不可能把剧本写好"。否定了那种"写剧本为了名利"的观点。例（7）反问句中"怎么"修饰的VP"没人可找"是女工们的观点，该观点与廖莉莉（言者）预期相反，用"怎么"标示出这个观点的反预期性，并以反问口气表达不可能的意思，即"怎么没人可找=不可能没人可找=有人可找"，听者观点与言者预期相反，言者否定对方观点表达反预期。

部分"怎么"反问句的使用基于如下条件：说话人相信听话人承认前提A与VP存在如下的逻辑关系：如果A真，那么VP不具备实现的方式或理由。说话人想表达既然A为真，那么VP不应该实现时就可以用"怎么"反问句（参看肖治野，2003）。在例（6）中，前提A="这时正是部队训练的黄金季节，而且部队在前期工程施工中已投入近万个工时"。VP="好再开口求援"。听话人可能没意识到现在是部队训练的黄金季节，或者忘了部队前期已经投入近万工时帮助工程施工，于是认为"可以再开口求援"，说话人相信听话人如果能意识到上述两点也会认为"不好再开口求援"，因此他用反问句表达"不应该再求援"的意思，并带有提醒、反驳等间接言语行为意义。

"怎么"表达认识或观点与说话人预期相反时一般以反问句形式出现，主要是针对听话人的观点（可能VP或是应该VP）进行否认或辩驳（不可能VP或不应该VP），多带有申辩、责怪、反驳、提醒等间接言语行为意义。

三　“怎么”表达反预期的句法条件

“怎么”的语法意义多样，既能询问方式又能询问原因，还可以任指、虚指或做反问句。本书认为“怎么”询问原因和做反问句是其反预期表达功能的体现。那么，在什么情况下“怎么”可以表达反预期功能？或者说“怎么”实现反预期表达功能的句法条件是什么呢？经过考察并综合前人观点（彭可君，1993；邵敬敏，1996；肖治野，2003），“怎么”表达反预期时有如下句法特点。

1. VP前有“能、会、肯、要、可以”等能愿动词，构成“怎么+能愿动词+VP”格式，一般做反问句，否定听话人观点。比如：

你怎么能看我的日记？
他怎么会轻易放弃？
花高价买来的东西他怎么肯送给你？

以上各句均为反问句，总有另一个人或听话人认为“可以看别人日记”“他会轻易放弃”“他肯送给你”，这些观点与言者预期相反并被否定。

2. VP前有“也、还、才、就、又、老”等副词，构成“怎么+副词+VP”格式，一般为疑问句，表示与说话人预期相反，比如：

你怎么才来？
你怎么又喝酒了？
你怎么也要？

以上各句事件“你才来”“你又喝酒”“你也要”都与说话人预期相反，用“怎么”询问反预期事件发生的原因。

3. VP为否定结构，包括“怎么+不/没+VP”和“怎么+V不C”（可能补语的否定式）两种结构，比如：

你怎么不/没去？

你怎么不/没洗澡?
这怎么洗不干净?
这怎么爬不上去?

以上各句“你不/没去”“你不/没洗澡”“洗不干净”“爬不上去”均与说话人原有预期不符，用“怎么”表示惊讶并询问原因。

4. VP后有“了”，“了”表示动作的实现或完成，而这恰恰是说话人认为不会或不应该实现的动作，与说话人预期相反，比如：

你怎么走了?
你怎么哭了?
你怎么写起小说来了?

以上各句表示的事件“你走了”“你哭了”“你写起小说了”是说话人没有料到的，用“怎么”表达言者的反预期态度并追问事件发生原因。

5. VP为形容词，前面有“这么、那么、这样、那样”来指称，比如：

西瓜怎么这/那么甜?
他怎么这/那么高兴?
他怎么这/那样随和?

以上各句表示人或事物的状态、性质出乎说话人意料，询问产生这种性状的原因。

6. “怎么”位于句首，构成“怎么 + NP + VP”格式，比如：

怎么你去?
怎么他不去?

以上各句“怎么”后面的句子表示的命题“你去”“他不去”与言者预期相反，用“怎么”表示惊讶并询问原因。

7. “怎么”不能重读。以上总结的“怎么”表达反预期功能的六种句法条件有一个语音共性，即“怎么”都不能重读。“怎么”如果重读只能询问方式，轻读时才是询问原因，表达言者反预期态度。试比较：

你'怎么来的？
'你怎么来了？

第一句“怎么”重读，是该句的疑问焦点，询问对方“来的方式”，第二句“你”重读，“怎么”不重读，询问对方“来的原因”，同时标示了言者的反预期态度，即预期“你不来”或者“你不应该来”，结果却是“你来了”，“你”的出现对言者是新信息，因此重音放在“你”上。

第三节　反预期“怎么”问句的信息结构

询问方式的“怎么”问句一般只有显义没有隐含义，因此相应的回答也只有一种，比如“明天你怎么去北京？”回答只有一种，即针对“去北京的方式”回答，可以是“坐飞机”“坐火车”或“开车”等选项。表反预期功能的“怎么”具有信息提示功能，在问句的显义之外还能触发一层隐含义，答句既可针对显义回答，也可针对隐含义回答。

一　“怎么”问句的显义和隐含义

显义（explicature）是一个话语所编码的不完整语义表征或逻辑式的推理扩展（Huang，2009：189）。关联理论认为语义表征或逻辑式在许多方面是不完整的，复原语句显义的第一步是将残缺的逻辑式扩展成命题式，然后才能确定显义。显义的确定需要经过三个步骤：解歧、指称指派和语义充实，这三个步骤都有语用推理的参与。隐含义与显义相对，是言语交际中未通过显义传递的那一部分信息，也就是常说的言外之意或会话含义。“怎么”问句的类型不同，其显义和隐含义也有所不同。

（一）“怎么”疑问句的显义和隐含义

（1）你这次考试怎么才70分？
（2）我问：“正生，杭州吃得比乡下好多了，怎么你还这么瘦？”

(3) 可眼前的这一切，他惊呆了，强强怎么会变成这个样子？

上述“怎么”疑问句表达的是行为、事件与说话人预期相反，其中“怎么”的规约含义是［+问原因，+反预期］。问句的显义是“为什么NP+VP，这与言者预期相反”。将例（1）—（3）“NP+VP”的概念意义代入上述显义槽，得到各句的具体显义为：

（1显）为什么你这次考试才得70分？这与我的预期相反。
（2显）为什么你还这么瘦？这与我的预期相反。
（3显）为什么强强会变成这个样子？这与我的预期相反。

对上述显义进行语用推理可得到言者的预期，而这预期恰好就是话语所要传递的隐含义：

（1隐）你这次考试不应该才得70分。
（2隐）你不应该还这么瘦。
（3隐）强强不应该变成这个样子。

言者除了要求听者回答“为什么NP+VP”外，还表达了自己的一种态度，即“NP不应该VP”，这一态度是作为话语的隐含义传递给听者的，需要听者通过话语显义推导出来。这一态度又可以结合语境体现不同的感情色彩，如例（1）如果是父亲对儿子所说，更多表现出父亲的不满；两者关系一变，如果是朋友关系，则惊讶、意外的成分更多一些。

（二）“怎么”反问句的显义和隐含义

(4) 集团公司总部只有十几个管理人员，一人不顶几人用怎么行呢？

(5) 表面上看来似乎大家是平等的，但实际上是不符合按劳分配原则的，这怎么能调动人们的积极性？

(6) 几百万教员，只是挨骂，怎么调动他们的积极性？

“怎么”反问句表达的是观点、认识与说话人预期相反，反问句的本质是否定，否定对方观点，其显性意义就是S，不（应该/可能）VP，其中S是反问句的前句，例（4）—（6）各句的显性义如下：

（4显）集团公司总部只有十几个管理人员，一人不应该不顶几人用。

（5显）表面上看来似乎大家是平等的，但实际上是不符合按劳分配原则的，这不能调动人们的积极性。

（6显）几百万教员，只是挨骂，不能调动他们的积极性。

同样是“不应该VP”，在“怎么”疑问句中是隐含义到反问句中变成了显性义（不应该VP）。这个显性义进一步推导就是“怎么”问句的隐含义：

（4隐）听话人的观点“集团公司总部管理人员一人不顶几人用”是不对的。

（5隐）听话人的观点“现行制度能调动人们的积极性”是不对的。

（6隐）听话人的观点“能调动他们的积极性”是不对的。

也就是说，言者用“怎么”反问句所表达的隐含义是“听者的观点是不对的”，这一隐含义是从显义“S，不（应该/可能）VP”推导出来的，结合具体语境，又有反驳、斥责、批评、提醒等间接言语行为含义。

二 “怎么”问句的应答系统

“怎么”问句的应答方式与显隐义密切相关。询问方式的“怎么”问句一般只有显义没有隐含义，因此相应的回答也只有一种，比如“明天你怎么去北京?”，回答只有一种，即针对“去北京的方式”回答，可以是“坐飞机”“坐火车”或“开车”等选项。表反预期功能的“怎么”问句有显义和隐含义，相应答句既可针对显义回答，也可针对隐含义回答。将前文例句稍作修改转引如下：

（7）爸爸：你这次考试怎么才70分?

儿子：（a）我没有复习。

（b）不低了，第一名才75，我是第二名呢！

（8）我问："正生，杭州吃得比乡下好多了，怎么你还这么瘦？"

正生：（a）我消化不好。

（b）是啊，我也奇怪。

例（7）、例（8）均是行为、事件与说话人预期相反的"怎么"疑问句，其显义为"为什么NP＋VP，这与言者预期相反"，隐含义是"NP不应该VP"。例（7）答句a"没有复习"是针对显性义"为什么你这次考试才70分，这与我预期不符"作出的回答。答句b则是针对隐性义"你这次考试不应该才得70分，分数太低"的辩解，即"第一名才75，我得70分是应该的，不低了"。例（8）的显义是"询问正生还这么瘦的原因"，答句a解释这个原因"因为消化不好，所以吃得好还是这么瘦"；b并没有解释"还这么瘦"的原因但也是例（8）一个自然的答句，原因就在于它是针对隐含义（杭州吃得比乡下好多了，你不应该还这么瘦）作的回答，即答者顺应问句的隐含义，认同问者观点。

认识、观点与说话人预期相反的"怎么"反问句的显性义和隐含义与疑问句不同，相应的回答也略有不同，比如：

（9）问：集团公司总部只有十几个管理人员，一人不顶几人用怎么行呢？

显义：集团公司总部只有十几个管理人员，一人顶几人用行。

隐义：集团公司总部的管理人员一人不顶几人用的观点是不对的。

答（a）：嗯，是的。

答（b）：可是，集团公司总部不止十几个管理人员啊。

（10）问：几百万教员，只是挨骂，怎么调动他们的积极性？

显义：几百万教员，只是挨骂，不能调动他们的积极性。

隐义：几百万教员，只是挨骂，能调动他们的积极性的观点是不对的。

答（a）：的确不能。

答（b）：没人说只挨骂就能调动积极性啊，还有奖励呢。

反问句以肯定形式表否定意义或以否定形式表肯定意义，因此显性义是字面义的负命题，即 S，NP 怎么 VP？ = S，NP 不应该/不可能 VP。隐含义是间接告诉别人他的行为不合情理（郭继懋，1997），即指出他人观点的错误。反问句是无疑而问，从发问人角度而言不需要回答。但听话人可以根据自己的理解表示赞同或反对，作出回应。听话人回应时，既可针对反问句的显性义也可针对隐含义。例（9）答 a 回应显义“一人要顶几人用”表示认同，答 b 则对隐含义作出反驳，认为“集团公司总部不止十几个管理人员”，因而不需要一人顶几人用，从而捍卫己方观点。例（10）答 a 回应显义“几百万教员，只是挨骂，不能调动他们的积极性”表示赞同，答 b 则反驳隐含义，认为“不只挨骂，还有奖励”，因此可以调动积极性。这两则回应隐含义的答句的共同特点是否定反问句前提，即回应者通过否定对方观点、看法成立的前提来否定对方的观点、看法从而驳斥隐含义。

邵敬敏（1996）曾指出，现代汉语疑问句可分为“实用”（真性问）和“虚用”（假性问），对发问人来讲，“实用”是确有疑而问，要求对方回答某种信息，“虚用”则无疑而问，只是表达自己的一种态度，是给予对方一种信息，或要求对方实施某种行为。询问原因的“怎么”疑问句是兼有这两种功能的混合型。对此，答话人可以有两种不同的反应，一是针对表层含义，做出解释。二是针对深层含义，表明态度，即不是针对“怎么”解释原因，而是针对问话人所给予的交际信息做出反应。邵先生所讲的表层含义和深层含义即显性义和隐含义。其实不光是询问原因的“怎么”疑问句，根据上文的分析，“怎么”反问句也同样可以有两种回答。

第四节　反预期标记“怎么”的主观性

一　“怎么”反预期义的主观程度

疑问代词“怎么”的语义特征可归纳为三大类：疑问、指代和反预期，在不同用法中，“怎么”带有不同的语义特征，如表 5－1 所示：

表 5－1　“怎么”的用法与语义特征

语义特征 用法	疑问	指代	反预期	例句
询问方式	+	+	－	电视怎么修？
询问性状	+	+	－	他是怎么个人？
询问原因	+	+	+	你怎么来了？怎么你来了？
任指	－	+	－	怎么让他唱他也不唱
虚指	－	+	－	他把怎么来怎么去都告诉了大家
反问	－	－	+	他是负责人，怎么不能来？

询问原因的“怎么”同时具备疑问、指代和反预期三个语义特征，“怎么”询问方式和性状时没有反预期义，只有疑问和指代两个语义特征，作任指和虚指时仅有指代的语义特征，作反问用法时没有疑问和指代，只有反预期一个语义特征。那么在“怎么”的这三个语义特征中，各自的主观性程度如何，哪个语义主观性最高？这是本节要讨论的问题。

语言主观性的高低可从形式和意义两个方面去判定。从形式上讲，语言的词类、句子成分都存在主观性程度的高低。就词类而言，不同词类的主观性程度按名词、动词、形容词、副词、功能词（连词、介词、代词）、叹词的方向依次增加，它们从传递外部客观世界的信息逐渐转移到传递说话人主观世界的信息（李善熙，2003）。与词类的主观性等级相对应，句子成分也有一个主观性等级：主宾语 < 谓语 < 定语 < 状语，并且中心成分 < 外围成分（ < 表示主观性小于）。

从意义角度而言，判定标准如下：

主观性高————————————————客观性高
依靠说话人的——————————————独立的
表情的—————————————————指称的
抽象的—————————————————具体的
一般的—————————————————个别的
不确定的————————————————确定的

（转引自李善熙，2003）

就“怎么”的疑问、指代、反预期这三个语义特征而言，从意义上看，疑问和反预期属于表情的，指代属于指称的，疑问和反预期的主观性高于指代。而疑问和反预期都属于表情的，如何判断主观性高低呢？从形式上看，表示疑问的“怎么”可以出现在三个句法位置：状语（询问方式、原因）、定语和谓语（询问性状），而表示反预期的“怎么”只能做状语或在句首充当句子外围成分。状语的主观性大于定语和谓语，而句子外围成分的主观性又大于作为中心成分的状语。另外，就意义而言，“怎么”询问方式和性状时是较具体的，总是指代具体事件或人物的某一方面，“怎么”表示反预期时虽然与句子所表述的事件也有着密切的关系，但其本身并不是事件的一个组成部分，而是对所陈述事件有影响的另一个事件及主观态度，较为抽象。因此，从形式和意义两个标准来看，反预期的主观性大于疑问大于指代，在“怎么”的三个语义特征中，反预期义的主观性最高，表达的是说话人的情感和态度。

二 “怎么”反预期义的主观情态

反预期是言者的主观态度，根据反预期信息类型和语境的不同，“怎么”可具体表现出言者不同的情感色彩，常见的有惊讶、不满、反驳、斥责、批评等。

（一）惊讶

惊讶是“怎么”表达反预期义时最主要和常见的感情色彩，以往研究多有论及。在话语中常有惊讶义词语如“吃惊、诧异、惊讶、意外”等与“怎么”共现，表示与说话人的预期相反，比如：

（1）a. 我很［惊讶］，广州怎么已经在卖《江青传》了呢？

b. 朱镕基显然有些［诧异］，他问校长王伟：“怎么没有凳子？”

c. 石勒［吃惊］地问他：“你怎么穷到这步田地？”

d. 霍天青很［意外］：“你知道？你怎么会知道？”

以上各句言者预期分别为“广州没卖《江青传》”“学校有凳子”“你不会穷到这步田地”和“你不会知道”，而交际语境带来的新信息正好与预期相反，用“怎么”询问反预期事件发生原因的同时，表达自己惊异的态度，句中有“惊讶、诧异、吃惊、意外”等表惊讶义词出现。

（二）不满

交际语境中新信息与预期相反的主观情态是惊讶，而新信息所代表的事件未按照预期出现时则往往表现为不满的态度，多出现在长辈对晚辈，上级对下级的语境中。比如：

（2）a. 每当我们的学习成绩不佳时，常常会听到来自长辈的指责：你怎么不多动动脑筋呢？

b. 李老喜听说把孙村长弄死了，对儿子大为不满：“不是说让留着他，怎么弄死了？”

c. 李东宝活跃起来：“坦率地说，你这稿我看完很不满意。你怎么把第一稿里好的东西全改掉了？”

以上各句也表示反预期，但不是实际情况与言者预期相反，而是实际情况与预期不符即未达到或超过预期。a 句言者预期是希望孩子“多动动脑筋”，实际情况不是孩子“不动脑筋”而是“脑筋动得少了”，没能达到言者预期。b 句言者预期是“打孙村长一顿，但别打死，仍要留他一命”，实际却把孙村长弄死了，则是超过预期。c 句预期是改掉不好的东西，实际改掉的却是好东西。也就是说实际情况与预期的方向是一致的，但是在程度或量上未能符合预期的要求，从而导致说话人的不满。这种情况下一般说话人的地位比听话人高，比如 a 句的长辈对晚辈，b 句的父亲对儿子以及 c 句的上级对下级。

（三）反驳

“怎么”表现为反驳的情感态度时主要出现于反问句，即听话人（或言谈之外第三人）观点与说话人预期不一致，并且说话人认为自己的预期在确信度和可靠度上要强于听话人观点，于是形成与说话人预期相反的“怎么”反问句，用以反驳和否定听话人的观点。比如：

（3）a. 他追求十全十美，处处都希望别人说好，这怎么可能呢？

b. 你要去的地方在南方，可你偏偏往北走，怎么能到目的地呢？

c. 如今天天闹着要打仗，老百姓又怎么敢尽情消费？

a 句他人的观点是“追求十全十美，处处都希望别人说好”，这与言者预期相反并且他确信自己的观点比对方正确，因此用反问句“怎么可能”表达否定意思，即“这不可能”，反驳对方。b 句听话人观点是“现在走的方向能到南方”，而说话人预期是“听话人现在往北方在走，不可能到南方”，两者相悖，说话人用反问句加以反驳。c 句他人观点是“老百姓敢尽情消费”，说话人认为在战争环境下，老百姓不敢尽情消费，言者否定并反驳他人观点。

（四）斥责、批评

斥责和批评是反驳态度的进一步发展，也以反问句形式出现。当反驳的对象是比自己地位低的下级或晚辈时，反驳态度往往演变为斥责和批评，常与“责备、责怪、批评、指责”等词语共现，比如：

（4）a. 在全市卫生系统召开的党员干部大会上，她受到不点名的批评，“党员干部怎么能带头搞封建迷信？”

b. 何碧辉坐在她床前，像母亲责怪孩子似的对她说：“你怎么能不吃饭呢！”

c. 周恩来转向红卫军代表，责备地说：“怎么能抢尸体呢？为什么搞得这么对立？”

a 句言者预期是“党员干部不能带头搞封建迷信”，但是听者的行为却在“搞封建迷信”，与言者预期相反，言者通过反问句批评否定听者的行为。b 句听者不想吃饭，与言者预期“你不能不吃饭”相反，言者用反问表达对听者行为的责怪。C 句红卫军代表抢尸体的行为与周恩来预期不符，周恩来以反问句表达自己斥责的态度，否定红卫军的行为。以上三句听说双方之间都存在上下级或长晚辈的关系，由地位高的一方反驳地位低的一方往往同时传递了反驳方斥责、批评对方的态度。

以上从疑问代词“怎么”的基本义项和用法出发，讨论了“怎么”的反预期表达功能及相应的句法形式与意义，主要结论的归纳如表 5－2 所示：

表 5－2 “怎么”反预期表达功能的形式与意义

怎么	反预期表达	句法条件	显性义	隐含义	情感态度
疑问	事件与言者预期相反	怎么＋副词＋VP 怎么＋V不C 怎么＋VP了 怎么＋这么/那么＋VP	为什么NP＋VP，这与言者预期相反	NP不应该VP	惊讶 不满
反问	观点与言者预期相反	S，怎么＋能愿动词＋VP	NP不应该/不可能VP	对方观点是错的	反驳 斥责 批评

第五节 小结

本章讨论了疑问类反预期标记的总体特征，指出该类标记的主要成员有疑问代词“什么”“怎么”，疑问结构式“就/只/是/没/不……吗”“不会是/该不是/别不是/别是……吧”等。语音上，除“怎么”外，疑问类反预期标记均不具有非重读性。句法上，该类成员是构成疑问句的必要条件，均不具备可删除性。在语音和句法特征上与语气类反预期标记有所不同，也不完全符合反预期标记的性质特征。就功能而言，疑问类反预期标记可以触发句子的隐含义，但仅能表达与说话人和社会共享预期相反的信息，不能表示反听话人预期信息，也不能凸显句子焦点，促进语篇连贯功能较弱，这也与反预期标记的功能不完全符合。那么，是不是本书总结的特征有误，需要修改？还是疑问类结构不属于反预期标记呢？本书认为两者都不是。

本书认为，反预期标记是一个基于家族相似性的原型范畴，范畴内各成员的地位是不平等的，无法用一组共同的特征来描述，享有最多特征的成员是该范畴的原型或典型，没有那么多特征的是非典型或边缘成员，反预期标记是以原型为中心，以家族相似性为纽带逐步向外扩展的连续体。以此观照，语气类反预期标记享有最多的特征，是反预期标记的原型成员，疑问类反预期标记享有一部分特征，是边缘成员。

本章重点考察了疑问代词“怎么”作为反预期标记的性质和功能，探讨了“怎么”实现反预期表达功能的七种句法条件及反预期信息类型，指出“怎么”可分别标示事实、事件或认识、观点与说话人预期相反的信息。通过对“怎么”信息提示功能的分析，本书指出“怎么”反预期问句除显义之外还有一层隐含义，故有两套应答系统。在“怎么”的诸多义项中，分析了反预期义与其他义项的主观性差别，根据反预期信息类型和语境的不同，“怎么”的主观性可具体表现为言者惊讶、不满、反驳、斥责、批评等不同的情感态度。

第六章

否定类反预期标记及“哪知道”

第一节　否定类反预期标记的总体特征

一　否定概说

（一）否定的判定及表现形式

否定是与肯定相对的一个概念，吕叔湘（1982）指出，一句话，从形式上说，不是肯定就是否定。那么什么是否定句呢，汉语学界对此还存在分歧，各家对于划分肯定句和否定句的标准并不一致，总体而言，大概有三种标准：①形式标准，吕叔湘先生（1982）指出：“否定的句子必须要有否定的字样。”金兆梓（1983）也认为：“凡是肯定句与否定句的分别只须看表词中有否‘不’‘无’‘非’‘弗’‘莫’等否定副词就可辨得出。”以形式作为标准固然重要，然而纯粹从形式出发也会陷入困境，比如“他不高兴地走了”“他不停地摇头”这两句话都有否定词“不”，但很难说这两句是否定句。②意义标准，黄廖本《现代汉语》（高等教育出版社 1991 年版）主要从句子的逻辑意义出发认为“对事物作出否定判断的句子叫否定句”。然而，语言中有很多词本身带有否定意义，比如“拒绝”“否认”“难以”等，如“他拒绝接受采访”“他否认受贿”“这个事情一时难以说清”等，按照意义标准就得划入否定句。③形式加意义标准，张园先生（1988）主张形式和意义两方面都符合否定句的标准，才是否定句，并指出形式标准有否定词（不、没有、别、不如、不及）为标记，一般是否定谓语部分；意义标准，即否定句子的断言部分。高名凯（1986）明确地指出：“否定实在是整个命题的否定。”甘于恩（1985）也认为只有当否定词否定谓语才算否定句子。

以上讨论了否定句的判断标准，否定句是否定范畴的主要表现形式，除此之外，语言中还有其他手段可以表现否定范畴，比如反问句、疑问代词的否定用法等，比如：

(1) 人家辛苦赚的钱，我好意思骗吗？
(2) 公交车上，年轻人难道还要跟老年人抢座位吗？
(3) 他哪里知道人家是在笑话他。
(4) 他这个人死要面子，哪里会认错。

例（1）和例（2）是用反问句表示否定，如例（1）的实际含义是“我不好意思骗”，例（2）的实际含义是“年轻人不应该跟老年人抢座位”。例（3）和例（4）是疑问代词“哪里”的否定用法，均可以用否定词“不”替换，意为“不知道人家在笑话他”和“不会认错”。

（二）否定的种类

根据否定的对象可把否定分为词语否定、语义否定和语用否定。词语否定是指本身含有否定意义的词语，即它们的词形构造上包含起否定作用的语素并由此能表示否定意义的词语，如“否认、否定、非议、无能”等（文贞惠，2003）。词语否定不是语法上的否定，而是词汇平面的否定。比如：

(5) 否认：我们断然否认了这种无理指责。
(6) 无能：他太软弱无能。
(7) 没底：做这件事我心里没底。
(8) 不料：我提出送她，不料她反过来要送我
(9) 未必：这消息未必可靠。

从语法上讲，以上词语中所包含的否定语素（“否”“无”“没”“不”“未”）是作为构成复合词的一个组成成分而存在的，已经不能独立地、自由地做一个句法成分。并且，它们在上述例句中也不起否定作用，以上例句仍然是肯定命题。

语义否定是否定句子表达的命题的真实性，即否定句子的真值条件。真值条件就是这个句子为“真”必须符合的条件。语义否定否定句子本身的语义，表示句子意义跟事实情况不符合；而语用否定不是否定句子的

真值条件，而是否定句子表达命题的方式的合适性，即否定语句的适宜条件（胡清国，2010）。“适宜条件”就是为了达到特定目的和适合当前的需要，语句在表达方式上应该满足的条件（沈家煊，1993）。例如：

（10）A 今天天气不暖和。（语义否定）

B 这天气不是“暖和”，是“炎热”。（语用否定）

（11）A 我不是一直在上海住，但/而是在上海住过几年。（语义否定）

B 我不是在上海住过“几年”，而/*但是一直在上海住。（语用否定） （例句转引自沈家煊，1993）

上述例句中 A 是语义否定，表示句子意义与实际情况不符。B 是语用否定，也被称为元语否定，Horn（1985）认为元语否定是“从任一方面否定前一话语的手段，其否定对象包括规约隐含、会话隐含、风格或色彩、词汇或语音”。当有人说“今天暖和”时，则隐含“今天不炎热”，否定这个隐含义就是语用否定，如例（10B）。

二 否定类反预期标记的形式特点及功能

否定类反预期标记在形式上由否定义语素和心理动词构成，是对心理预期的否定，属于词语否定，对其所在句子不起否定作用。心理动词是动词的下位小类，从语义上讲，表示人的心理活动。王红斌（2002）根据现代汉语心理动词的分布特征，界定出 83 个心理动词，并从动词的过程结构出发，分为心理状态动词、心理活动动词和心理变化动词等三类。构成否定类反预期标记的心理动词主要是“料”“想”和“知（道）”三个。按照王红斌（2002）的分类，“知（道）”和“想”属于心理状态动词，“料”属于心理活动动词。

马庆株（1992）曾从语义上将动词分为自主动词和非自主动词。自主动词表示有意识的或有心的动作行为，非自主动词表示无意识、无心的动作行为，一般表示变化或属性。非自主动词具有［－可控］的语义特征，即动作行为不能由一个主体有意识地加以控制，句法上表现为不能用作祈使句。自主动词正好相反，是主体可以控制的动作，能用在祈使句中。心理动词“料”和“想”是主体可控制的动作，能用于祈使句，是自主动词，具有［+可控］的语义特征，“知（道）”不能用于祈使句，具有［-可控］特征。

就否定形式而言，否定类反预期标记的构词语素里或者有“不、没”等否定词；或者以疑问代词“谁”“哪”“怎”的非疑问用法表示否定。疑问代词用于反问句均含否定义，在与心理动词组合后，因所处句法环境变化等因素，失落了部分义素，仅保留否定义素，便形成了否定形式（陈丽，2012）。否定类反预期标记中，否定义构词语素与心理动词的组配模式如表6-1所示：

表6-1　否定类反预期标记的构成方式

	不	没	谁	哪	怎
料（到）	+	+	+	+	+
想（到）	+	+	+	+	+
知（道）	-	-	+	+	+

说明：表中“+”表示组合成立，“-”表示组合不成立。

“不”“没”只能跟两种心理动词构成反预期标记，“谁”“哪”和“怎”则可以跟全部的三个心理动词结合，两类合计有13个否定类反预期标记。

否定类反预期标记在话语中形成独立的语调单位，与其他语言单位之间可以有停顿，语音上可以重读。否定类标记主要起语用制约和促进语篇连贯的作用，与其他类反预期标记相比，其概念意义较为明显。比如：

（12）晋文公用放火烧山的办法想逼介子推出来加以封赏，不料介子推始终不愿出来。

（13）江西某药厂厂长在北京某肥牛海鲜酒家请客，满以为500元打住了，谁知竟收了1700元。

以上两例中的反预期标记“不料”“谁知”从字面意义即可推知其表达的是反预期义，与“还”“并”“甚至”“但是”等相比，还保留着较多的概念意义。“不料”和“谁知”与后接成分结合较松散，语音上可以有明显停顿，形成一个独立的调群，往往需要重读。两者对所在句子的真值条件意义没有贡献，但是影响对于话语单位之间关系的理解，指明所连接的前后小句之间存在反预期关系，表达程序性意义，是话语理解的线索。“不料”和“谁知”连接两个语义对立的小句，如果没有“不料”和“谁知”，就会显得突兀和对立，造成语义的不连贯。

否定类反预期标记亦如疑问类，仅享有反预期标记的一部分特征，也属于边缘成员。该类标记在其他研究中也被视为话语标记。如胡德明（2011）认为“谁知”是表示反预期的话语标记。曹秀玲、辛慧（2012）则把①否定副词（不/没/未）+动词［料/想/知（道）］；②反诘副词（岂）+动词（料/知）；③疑问代词［谁/哪（里）］+动词［料/想/知（道）］，共约40多个词汇归为超预期话语标记，其成员涵盖了所有否定类反预期标记。那么反预期标记与话语标记有什么关系，是否就是话语标记的一种呢？在第八章“讨论与结论”部分会详细说明。

三 否定类标记的反预期表达共性

本书把否定类反预期标记分为两类，一类由“不/没”+心理动词构成，如“不料”“不想”“没料到”“没想到”；一类由疑问代词+心理动词构成，如“谁知”“哪想”“怎料”。后者在语义上相当于“不+心理动词”。两者作为反预期标记，均表示事实或现实与某个预期相反，该预期或是前句的显性意义，或是可通过前句推导出的隐含意义，比如：

(14) 奋战了几十天的同志们原以为在海边能休息几日，不料在那里比平时工作更累。

(15) 我以为再也见不到她了，没想到第二天她又出现在了北海公园。

(16) 完成手抄《红楼梦》后，家人以为赖老师该好好休息一下了，谁知他却由此增加了抄书的兴趣与信心。

(17) 他说：“原以为生意一定会很火，哪料这么不景气。”

(18) 原指望治理了国道上那些“霸道”行为，猪肉的价格会掉下来，怎知它还是“高高在上”，这是怎么回事？

例（14）—（18）中，反预期标记“不料”“没想到”“谁知”“哪料”“怎知”分别连接两个分句，前分句的显性意义（概念意义）表达个人的某种主观认识，多用“（原/本）以为”“（原）指望”等词标示，是既有的一个预期。用反预期标记否定这个预期后，后分句表达一个与该预期相反或相对的事实。前后分句语义对立，构成对比。如例（14）—（18）中的“休息”与“工作”，“见不到她”与“她又出现”，“休息”与“抄书”，“很火”与“不景气”，“掉下来”与“高高在上”。从反预期形成机制来看，属于与个体已知信息相反。五个反预期标记能够互相换用。

另一种情况是，否定类反预期标记连接的前一分句的隐含义是预期，后分句表示的事实与该隐含义相反或相对，比如：

（19）他与焦仲卿结婚后，夫妻俩互敬互爱，感情深挚，不料偏执顽固的焦母却看不顺眼，百般挑剔，并威逼焦仲卿将她驱逐。

（20）仅几次见面，并没有深交，没想到二十岁的王实味爱上了沉着、刚毅的李芬，他不断给她写情书，表达爱慕之情。

（21）我俩是1979年在震后临时搭建起的一个简易房里结的婚，谁知一住就是五年。

（22）另一位消费者在药店买了一个防冠心病急性发作的“保心包”，哪料才戴用几小时，皮肤便出现许多小脓包。

例（19）—（22）的反预期标记与例（14）—（17）相同，但前后两分句之间的语义关系略有不同。例（19）—（22）前后分句语义上不直接对立，而是间接对立，即后句表达的事实与前句的隐含义相反。该隐含义的推导是一个基于常情或常理的合情推理过程，比如例（19）：

大前提：子女恩爱幸福，父母会很高兴。
小前提：焦仲卿与妻子互敬互爱。
结论：焦母应该很高兴

大前提是为人们普遍接受的常理，小前提是前一分句的概念意义，结论是从前分句的概念意义推导出来的预期。这是一个经典三段论推理过程，但是由于其前提不确定，或者只是部分有关，因而结论仅是很有可能为真（合情），不排除为假的可能性，其结论具有可取消性。“不料”连接的后句所表达内容取消了这个结论（预期）。例（20）—（22）也可以作类似分析，其反预期形成机制属于与合情推理相反。

前面提到，心理动词“料”和“想”具有［+可控］的语义特征，“知（道）”则是［-可控］。然而用作反预期标记时“料”“想”的［+可控］语义特征脱落，转变成和“知（道）”一样的［-可控］。具体表现为“不料”或“不想”连接的后句必须是句子意念主语（或说话人）所无法控制、没有预测到的客观状况。如果后句不具备这种非可控的特征，那么即使前后分句的语义相反或相对，也不能使用“不料”或“不想”，比如：

(23)？我本来想吃饺子，不料/不想吃了面条。

(24)？我保证不再打老婆，不料/不想第二天又打了。

例（23）和例（24）尽管前后分句语义对立：“吃饺子”和“吃面条”；“不打老婆”和“又打”，但因为“吃不吃面条”和“打不打老婆”是主体能够控制的，具有可控性，与“不料/不想”的非可控性不相容，因此句子显得不自然。但是如果将例（23）和例（24）稍加改动，使后句变得非可控，句子就可以成立了：

(23’）我本来想吃饺子，不料/不想饺子馊了。

(24’）他跟我保证不再打老婆，不料/不想第二天又打了。

“饺子馊不馊”和“他打不打老婆”都不是“我”能控制和预料的，具有［-可控］的语义特点，与“不料/不想”相容，句子成立。再如：

(25）我不想你。

(26）我救了你一命，不想你却恩将仇报。

例（25）“不想”的意思是“不思念”，是主体可控的动作，控制对象是名词宾语“你”。“想”具有［+可控］的语义特征，因为“想不想你是我可以控制的”（句中为“不想”你）。例（26）“不想”的意思是“不料”。后接小句“你却恩将仇报”本身已经表达一个完整的意思，不是主观可控的，这样“想”就失去了原本的语义支配对象（比较上句中的“想你”)，句中的“不想”已不能再理解为“不思念”义的偏正短语，语义发生变化，由［+可控］变为［-可控］。

由于“知（道)”本身就是［-可控］，因此，否定类反预期标记的动词语素都具有［-可控］的语义特征。

第二节　否定类反预期标记的内部差异

否定类反预期标记成员间意义相近，很多时候可以互换互释，那么这13个标记是否真的没有区别呢？一个形式对应一个意义，形式不同意义必然不同。为了便于分析，通过北京大学中国语言学研究中心语料库（CCL)，本书选取每组（“不”“没”“谁”“哪”“料”五组）中使用频率最高的一个进行比较，得到五个否定类反预期标记：不料（2990例)、没想到（2227例)、谁知（2601例)、怎料（15例)、哪知（338例)。以下从主观性、句子语义倾向性和语用三个方面考察否定类反预期标记的内部差异。

一　主观性差异

主观性是话语发出者表现自我的成分，表达了言语主体对句子命题内容的立场、态度和感情。严格地说，任何话语都带有主观性，不带有说话人态度、感情、视角的语句是不存在的。但是主观性有程度的差别。句子中主观性成分的有无和不同，会导致句子主观性的强弱不同（沈家煊，2001)，比如：

a 明天她和她的导师一起去开会。
b 明天她必须和她的导师一起去开会。
c 明天她一定和她的导师一起去开会。

a句客观地报道一个事件，说话人只是传达了一个信息，没有表现自己的主观态度。b、c两句都使用了情态动词，其中b句中的“必须”属于道义情态，表示客观情理上她应该和她的导师去开会；c句中的“一定”属于认识情态，是说话人根据自己的了解或其他知识所作出的推断。由此可见，a句在严格意义上没有主观性，b、c两句带有主观性。更进一步看，b 句中“她和导师去开会”是一种客观必要，而在 c 句中是一种主观必然，即说话人认定“她”必定有采取这种行动的可能。所以，b 句中的“她”是句子主语（sentence subject）；c 句中除了句子主语“她”，还有一个更高层次的“言者主语”（speaker subject）说话人，是说话人认定“明天她和她的导师一起去开会”。

那么本书比较的这五个否定类反预期标记是否也存在句子主语类型的差异呢？经过搜索 CCL 语料库发现的确有。比如：

(1) 读高一时，我瞒着父母，参加了全市的一次美术比赛，没想到竟获得了一等奖，这激发了我献身绘画艺术的野心。

(2) 1912 年 4 月，英国的一艘 6.4 万吨豪华客轮“泰坦尼克”号，由英国横渡大西洋至纽约作首航，不料在纽芬兰岛附近碰撞了冰山。

(3) 波斯猫不甘寂寞，常到小杨家嬉戏，谁知就是这只波斯猫，惹得两家兵戎相见。

(4) 村里有个很不幸的汉子叫汪思发，妻子八年前患肠癌去世，留下一笔债和三个孩子，哪知他又得了舌癌。

(5) 不一会，一碗热气腾腾的面条端到他的面前，怎料他残疾的双手怎么也奈何不了那双搁在碗边的筷子。

例（1）句子主语是“我”，反预期标记“没想到”标示“获得一等奖”这一事实出乎“我”的意料之外，同时也使用了另一个反预期标记“竟”加强这种反预期性。无论是“没想到”还是“竟”均是主语取向的，即表达的是句子主语“我”的出乎意料。例（2）略有不同，除了句子主语“泰坦尼克号”外，还有一个言者主语，“在纽芬兰岛附近碰撞了冰山”不是令句子主语“泰坦尼克”而是令言者感到意外。“不料”表达的是言者对“泰坦尼克号”撞冰山这一事实的意外。例（3）—（5）也可以作同样的分析，它们的句子主语分别是“波斯猫”“妻子”“面条”，这些主语或没有人类的意识（如“波斯猫”）或无生命（如“面条”和“去世的妻子”），因此“谁知”“哪知”“怎料”表达的是言者而不是句子主语的反预期态度。语料库中，绝大多数“没想到”指向句子主语（约占 96%），而“不料”“谁知”“哪知”“怎料”既可指向句子主语也可指向言者主语，以下是它们指向句子主语的例子：

(6) 我曾想过向刘斌借钱，这是我在北京唯一可以求助的朋友了，谁知刘斌的现状也不妙。

(7) 这对新人高兴地在展厅和仓库转了两圈，不料一套家具都没看中。

(8) 他原以为孙萍晚上要好好陪陪自己，哪知孙萍吃了饭就要走。

(9) 随着时间的推移，许多人都以为英格兰队即将迎来胜利，怎料顽强的法国人最后关头上演了绝地反击。

正因为指向主语类型的不同，如果将例（2）—（5）的“不料”“谁知”“哪知”“怎料”替换成“没想到”就显得不自然，不合语感。但例（6）—（9）中的反预期标记换成“没想到”就比较自然。

Traugott（1995）认为语法化中的主观化表现在互相联系的多个方面，其中一项就是由句子主语变为言者主语，后者的主观性高于前者。“不料”“谁知”“怎料”“哪知”和“没想到”修饰不同主语正体现了它们在主观性上的差异，其中“没想到”的主观性低于其他四个反预期标记。

二 句子语义倾向性差异

“不料”“谁知”“怎料”“哪知”和“没想到”均表示分句表达的事实或情况与说话人预期相反，与预期相反的事实既可能是积极的（预期是消极的）也可能是消极的（预期是积极的），就这五个反预期标记连接的句子语义来看，大多数“不料”连接的都是消极语义分句，比如：

(10) 原本以为影楼会暖和些，不料里面的温度和外面差不多。

(11) 然后他们请休斯敦的一个鞋商从巴西定制了一双鞋来配那套西装，不料却卡在洛杉矶海关取不出来。

(12) 公元 748 年 6 月，鉴真开始第五次东渡。船从扬州出发，不料刚到南通狼山港，就遇到大风浪，一停将近两个月。

孟繁杰（2003）指出，“不料”表达出现意料之外的变故、后果时，一般是消极的、不如意的情况。统计语料库发现，约有 90% 的“不料”连接的分句表达不如意的情况，与孟繁杰的判断相符。另外，约有 70% 的“哪知”和“怎料”连接的分句也倾向于表示消极意义。与此不同的是，“谁知”和“没想到”连接的分句没有明显倾向性，消极和积极语义约各占一半。“不料”具有强烈消极义，一般不能连接积极义的分句，如：

(13) 在孤苦无援的时候，她带着不到周岁的孩子嫁给了一个小贩，谁知（*不料）时来运转，小贩不到两年，在股市中打了几个滚，就摇身变成了富翁。

(14) 演出和成名的机会以及比较稳定的收入，这是我来北京所一直追求的，没想到（*不料）现在竟然实现了。

例（13）和例（14）反预期标记“谁知”和“没想到”修饰的分句均表达积极的意思，如果用“不料”替换，句子不合语感，难以成立。

三 语用差异

否定类反预期标记之间的区别还表现为语用差异。语用差异包括使用频率和语体分布两项指标。通过对 CCL 现代汉语语料库的搜索统计，本书得出五个否定类反预期标记的词频分别是不料（2990 例）、没想到（2227 例）、谁知（2601 例）、哪知（338 例）、怎料（15 例）。“不料”“没想到”和“谁知”的用例都超过了 2000 条，属于高频使用的否定类反预期标记，“哪知”和“怎料”的频率较低，特别是“怎料”，仅出现 15 例，意味着其使用受到极大限制。

传统上一般把语体区分为口语和书面语，本书依循此例，但需特别指出，口语并不对应口头说的话，书面语也不等于笔头写的字。口语体是指带有口语性的口头和笔头表达，非正式和通俗是其语体特征，口头的如闲常聊天，笔头的如个人日记等；书面语体是指带有书面语性的口头和笔头表达，正式和庄典是其一般特征，口头的如工作报告、政治演讲，笔头的如文学作品、学术论文等。口语体和书面语体没有明确分界线，仅有程度的不同，存在于一个连续统之中。进行比较时，只能说哪个口语性更强，或哪个书面语性更强，而不能武断地认为某个就是口语或书面语。基于这样的认识，本书搜索了北京口语语料库和CCL现代汉语语料库中的北京话类型部分，得出关于这五个否定类反预期标记的两组数据，如表6－2所示：

表6－2　否定类反预期标记的口语分布情况

语料库 \ 标记	没想到	不料	谁知	哪知	怎料
北京口语语料库	11例	0例	0例	0例	0例
CCL北京话部分	70例	8例	3例	1例	0例

两个语料库的数据不同，但体现出来的趋势并不矛盾，“没想到”在两个语料库中使用频率都是最高的，“不料、谁知、哪知、怎料”在北京口语语料库中都没出现，但在CCL北京话部分还是体现出了频率的差异。综合两个语料库的数据，本书可以认为，“没想到”的口语性最强，“怎料”最弱，“不料”“谁知”和“哪知”介于两者之间，口语性依次降低。由此本书可以得到关于五个否定类反预期标记的口语性排序，由高到低依次为“没想到”>“不料”>“谁知”>“哪知”>“怎料”。

“怎料”的口语性最差，仅出现于书面语体中，这一语体特征使其用法受限，也解释了它总体使用频率不高的原因。带来的另一个结果是与其他否定类反预期标记的替换能力不强。比如以下句中的反预期标记都难以换成“怎料”：

(15) 它是从遥远的大洋彼岸经过漫长的历程，准备漂到一个美丽的岛国。不料（？怎料），海浪却把它推上了沙滩。

(16) 我像个哲学家一样胡扯八道，没想到（？怎料）我的话却刺中了她的痛处，她顿时神色黯然，眼中带着些忧郁。

(17) 我说的时候他们在记，记了些啥也不念给我听，就让我按了手印，谁知（？怎料）开庭时一宣读，内容全变了！

(18) 他以为孙萍会理解自己的意思，哪知（？怎料）孙萍只说了她有一个校友在组织部当干部科科长后，就没有下文。

以上从主观性、语义倾向性和语用差异三个角度分析了五个否定类反预期标记的区别，它们之间的差异可总结为，“没想到”一般修饰句子主语，余下既可修饰句子主语又可修饰言者主语。“不料”所接句子语义有强烈的消极和不如意倾向性，其余没有明显差别。“怎料”的口语性最差，使用频率最低，替换能力最弱。

第三节 否定类反预期标记个案考察：“哪知道”

一 “哪知道”的共时分析

在现代汉语中，“哪知道”是一个状中式偏正短语。在共时层面主要有以下两种用法：

第一，“哪知道”用于反问，意在否定，相当于反问用法的“怎么知道”，在句中做谓语。“哪知道”后面的宾语有四种情况：

1. 小句。“哪知道”后接的小句有陈述、感叹和疑问三种形式，如例（1）—（3）：

（1）“我哪知道她是坏女人。从小我就认识她，中学起她就是我们班的团支书，在这碰上了，你说能不打声招呼？谁想她变成了坏人。”

（2）敌人也知道土八路铁脚板厉害，可他哪知道我们这么不要命呀！

（3）肥脸短须的范方面色赤红：“袁通判你两眼直勾勾盯着我干吗？我哪知道银子藏在哪里？”

2. 谓词性成分。“哪知道”后面的谓词一般是“有”或“是”，如：

（4）我哪知道有多少搞鲑加工技术的间谍由日本到英国登陆？

（5）我哪知道是你？

3. 体词性成分，如：

（6）我心说：你们哪知道我的难处，想在保育院活下来太不容易了。

(7) 销声匿迹廿五年，今天的中青年读者，哪知道女作家梅志呢？

4. 零形式。“哪知道”后面没有宾语，带有强烈的反问语气，如：

(8) “这我哪知道？”大凤心酸地顶了她一句，“我又不是女学生。”

(9) “这种事情我哪知道啊？”

上述例句中，“哪”和“知道”结合松散，可以有语音上的停顿，也可以插入其他句法成分，如“能”或“会”变成“哪能知道”“哪会知道”，词汇化程度很低，应该看作两个词构成的短语，记作“哪知道1”。

第二，“哪知道”在句中不做谓语，反问义消失，位于句首连接两个小句或句子，可以解释为“谁知道”或“不料”，比如：

(10) 精狗不由暗自苦笑：我还以为自己昧着良心骗了他，哪知道是他黑了心肠在骗我！

(11) 本以为只是出国几年，很快就可以学得知识回家的，哪知道这一去就是37年的离别，她也再没能见到至爱的双亲。

(12) 他满以为辽兵的主力已经被金军消灭，打下燕京可以不费多大劲儿。哪知道辽兵虽然虚弱，比宋军还强得多。

(13) 敌人地堡在三十多米外，从我们演练的效果看，应该万无一失。哪知道麻皮刚刚扣动扳机就出事了，只听他惨叫一声倒在地上乱滚。

例（10）和例（11）中，“哪知道”连接小句，例（12）和例（13）连接两个句子，均表示之后的话语相对于前面的叙述而言并不是一种常态的发展，而是出乎意料，与常规预期不符的异态。“哪知道”可以去掉而不影响句子的基本意思，也就是说“哪知道”不影响句子的真值条件意义，其作用在于指示读者如何理解前后话语之间的关系。从这个意义上讲，这里的“哪知道”既是反预期标记，也是话语标记，说它是反预期标记因为它标示出前后话语之间的反预期关系，说它是话语标记因为它位于句首，形成独立的语调单位，指示前后话语间的关系。记为“哪知道2”，下面两节将详细考察“哪知道2”的共时用法和历时演变。

二 “哪知道”作为反预期标记

本书把反预期标记“哪知道”的前句信息记作A，后句信息记作B，“哪知道”的典型话语格式为：“（以为）A，（。）哪知道B。”A或是显性预期或可以推出一个隐性预期，B表示与预期相反的实情。当A为显性预期时，一般有“以为”“想”等表示预期的词语，比如上文的例（10）—（12），又如：

（14）严嵩也想拉拢杨继盛，哪知道杨继盛对严嵩更是深恶痛绝。

例（10）—（14）前后分句存在语义对立或相反的内容，如例（10）的“自己骗了他”和“他骗了我”；例（11）的“很快回家”和“一去就是37年”；例（12）的“不费多大劲”和“比宋军还强得多”；例（13）的“万无一失”和“出事”以及例（14）的“拉拢”和“深恶痛绝”。“哪知道”把这两个语义直接对立的前后分句连接起来，就反预期形成机制而言，是与个人已知信息直接相反。

当前句A中没有“以为”“想”等表示预期的词语时，A句本身不再是预期信息，但从A能推出一个隐含信息A'，“哪知道”连接的后句B与隐性预期A'相反或相对，比如：

（15）雪岩在地方上，总算也很出过一番力的，哪知道现在说他好的，十个之中没有一个。

（16）辛辛苦苦帮他创业，哪知道他是这样子不成材！

（17）我依言买了三个，才放心地向田间走去。哪知道，还没走出村子，第二个电珠又坏了。

例（15）前句A“在地方上很出过一番力”可以推出“地方上的人应该说他好”这样一个隐性预期，但是“哪知道”连接的后句B直接推翻了这个隐性预期。这中间经历了一个语用推理过程：

大前提：做好事会得到夸奖
小前提：雪岩在地方上很出过一番力
结论：雪岩应该得到夸奖
现实：说他好的，十个中没有一个

其中大前提是社会百科知识，储存在听说双方的头脑中。小前提是“哪知道”连接的前句A，结论是由A推导出的隐性预期A'，现实则是后句B，其反预期形成机制是与合情推理相反，就反预期信息类型而言是反社会共享预期。例（16）和例（17）也能分析出类似的语用推理过程。

“哪知道”表达的是言者的反预期态度，因此在句中常有“竟然”“居然”“却”等表示出乎意料的词语，比如：

(18) 谢先生差点没气得吐血，他勉强屈尊，降低了自己的身份自称为下人，来向自居为下人的小香说话，哪知道［竟然］换到这么一个答案。

(19) 哪知道还没有谈入正题，丁鹏［却］先给他当头一棍子，虽然不是真正的棍子，却同样敲得他眼前金星直冒。

(20) 同事结婚发的喜糖，原以为是名牌货，哪知道一吃［居然］是假的。

与意义和用法相近的另一个反预期标记“哪知”相比，“哪知道”更多用于口语。CCL现代汉语语料库北京话部分的搜索结果显示，“哪知道”用例为16条，“哪知”只有一条。

三 “哪知道”反预期标记功能的产生

(一)“哪知道”的历时演变

短语“哪知道”由疑问代词“哪”和心理动词“知道”构成，这两个词在汉语史上均出现较晚。“哪”在很长一段时间都写作“那”，王力（2004）指出，现代汉语的“哪”字在五四时期还写成“那”。而“知道”大约产生在唐代（董秀芳，2002），由“知”双音化而来。考察“哪知道”的演变就不得不涉及“那”“那知”“那知道”等词。

疑问代词“那”大约在汉末就产生了。“那”字语法意义来自上古的

“安”和“焉”，“安”和“焉”收音于-n，可转化为na（那）。如果是活用的疑问（反诘），就用“那”字来代替上古的“恶、安、焉”（王力，2004：342—343），比如：

(21) 处分适兄意，那得自任专。(《孔雀东南飞》)

(22) 生人作死别，恨恨那可论。(同上)

到唐代，疑问代词“那”用于反问句表否定已经十分普遍，并且出现了“那知”这样的形式，比如：

(23) 三时出望无消息，一去那知行近远？

[（唐）崔颢：《仅闺人答轻薄少年》]

(24) 深沉百丈洞海底，那知不有蛟龙蟠。

[（唐）李白：《鲁郡尧祠送窦明府薄华还西京》]

“那知”相当于“怎么知道”，用于反问句表示否定意义，即“不知”，如例（23）。五代、宋、元时期的“那知”基本也是这个用法，如：

(25) 师云：“芭蕉重剥后，那知不自疑？”

[（五代）静筠二禅师：《祖堂集》]

(26) 早岁那知世事艰，中原北望气如山。

[（南宋）陆游：《书愤》]

(27) (旦云) 你那知我的心里呵？

[（元）王实甫：《西厢记杂剧》]

明朝时，“那知”发展出反预期表达功能，相当于“不料”或“谁知”，如：

(28) 我方才道面庞熟得紧，那知就是前日的舍人。

[（明）凌濛初：《二刻拍案惊奇》（上）]

(29) 我一生爱护，从不曾损坏一瓣一叶；那知今日遭此大难！

[（明）抱瓮老人：《今古奇观》（上）]

此时“那知”不再用于反问句，也不再位于句中，而是出现于句首，后接陈述句，表示陈述的事实与言者预期相反，可用“谁知”或“不料”替换。

疑问代词“哪”初现于六朝，如：

(30) 余因此问，山中哪得酒。郑君言，先酿好云液，勿压漉，因以桂附子、甘草五六种末合。　[（六朝）葛洪：《抱朴子》]

到了明朝，“哪”大量使用，明代小说中开始出现“哪知”，意义和用法与“那知”相同，但是数量还非常少，在CCL古代汉语语料库里仅搜到五例，如：

(31) 于宏忙令三军放箭，哪知一矢俱无，众皆披靡而奔。
[（明）余邵鱼：《周朝秘史》]

(32) 仁基乃曰：“吾破之如猫擒鼠。”哪知自家反做为毛老人乎？　[（明）罗贯中：《隋唐野史》]

例（31）“哪知”后接陈述句，相当于“不料”义的“那知”；例（32）“哪知”用于反问句，相当于“怎么知道”义的“那知”。

“那知”和“哪知”在清代语料中出现较多，使用起来比较随意，作为两个竞争的语言形式，在同一文本里可以同时找到，比如：

(33) 钟雄得意洋洋，以为得了帮手，乐不可言。那知这些人全是算计他的呢。　[（清）石玉昆《七侠五义》（下）]

(34) 智化因见钟雄英爽，而且有意收伏他，只得应允。哪知钟雄是个性急人，登时叫虞侯备了香烛，叙了年庚，就在神前立盟。
[（清）石玉昆《七侠五义》（下）]

上述两例摘自《七侠五义》，表示“不料”“谁知”义时，有的句子用了“那知”（例33），而有的句子则用了“哪知”（例34）。

“哪知”和“那知”的竞争最终以前者的胜出而告终，民国以后，“那知”基本消失。

"知道"产生于唐代。元代时，出现了"那知道"，有两种用法，一种位于句中表示"怎么知道"，如例（35）和例（36）；另一种位于句首，后接陈述句，表示陈述的事实与言者预期相反，相当于"不料"或"谁知"，如例（37）和例（38）：

（35）（李四云）姐夫去了也。娘子，我那知道还有完聚的日子！
[（元）关汉卿：《包待制智斩鲁斋郎》]

（36）看老身面皮，只用杖子里戒饬他后来，可不好也？（正末云）你那知道那男子汉在外所行的勾当！（同上）

（37）舅舅，则为你这盘缠，连我也替你恼起来。那知道你家妹子，这般个狠人，放着许多衣服头面，一些儿不肯与你。（同上）

（38）那知道今日呵也有这风光，则俺一家儿都脱离了地狱到天堂。（同上）

明朝时，"哪"大量使用，但还没与"知道"结合形成"哪知道"，"哪知道"最早出现于清朝语料，兼有否定和反预期的用法。整个清朝，"哪知道"和先出现的"那知道"共生并存，经常出现于一个文本中，如：

（39）骄敌者败，韩殿魁这就是骄敌之故，满心中净存着一个露脸取胜，那知道胜爷这一翻身，韩老寨主的刀扎了一个空。
[（清）张杰鑫：《三侠剑》（上）]

（40）侯爷一看贾明恶狠狠打来，赶紧用两手做成十字花势，向上一封。哪知道侯爷上了贾明的当啦，金头虎这一招乃是虚晃，并不是真打。
[（清）张杰鑫：《三侠剑》（上）]

跟"哪知"与"那知"一样，最终胜出的竞争者是"哪知道"。综上，将"哪知道"及相关词语的历时演变总结如下。

由图6-1可知，"那知"产生于唐代，至宋代一直用于反问语境表示否定意义，明朝开始，"那知"发展出反预期义，其使用一直延续至清末民初。随着汉语的双音化，"知"在唐朝扩展为"知道"，并在元代与"那"结合，扩展为"那知道"，具有否定和反预期两个义项，沿用至清

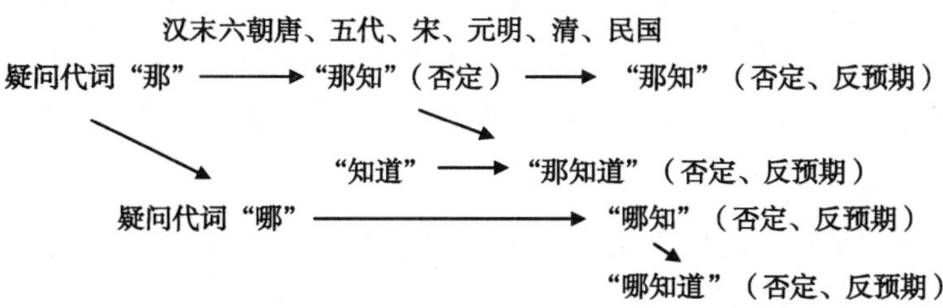

图6－1　“哪知道”及相关词语演变关系

末民初。疑问代词“哪”出现于六朝年间，到明朝大量使用，与“知”结合为“哪知”，具有否定和反预期两个义项，于清朝进一步扩展为“哪知道”，两者一起沿用至今。

（二）“哪知道”词汇化的句法语义条件

所谓词汇化（lexicalization）是指一个短语或由句法决定的其他语言单位在经历了一段时间之后，其自身变成一个稳固的词项（lexical item），并且进入基本词汇或一般词汇的过程（王灿龙，2005），简而言之，就是非词汇性的（non－lexical）成分变为词汇性的（lexical）成分或者词汇性较低的成分变为词汇性较高的成分（董秀芳，2009）。词汇化和大家熟悉的语法化既有区别又有联系，有部分学者认为，词汇化是语法化的颠倒或相反的过程，因为如果说语法化是词汇形式→较低语法性→较高语法性的演变，那么较高语法性→较低语法性→词汇形式就是去语法化，也就是词汇化。持这种观点的学者有 Kurylowicz（1975）、李健雪（2005）等。

词汇化与语法化又有相同之处，Wischer（2000）认为词汇化和语法化都可以发生在相同的句法环境中。都包括语音弱化、句法的重新分析、去理据性、固化和规约化，词汇化过程中语义会越来越明确，而语法化语义则会淡化但会残留在新形式中。

CCL 古代汉语语料库显示“哪知道”最早出现于清朝小说，彼时已经具有“哪知道 1”和“哪知道 2”两种用法，与现代汉语的使用情况一致。在历时证据缺乏的情况下，排比共时状态下的不同用法也可以大致推测出“哪知道”的发展轨迹。根据本章第三节，“哪知道”在共时层面有两种用法。“哪知道 1”中“哪”和“知道”结合松散，语音上允许有短暂的停顿，句法上可以插入其他成分，如“能”或“会”变成“哪能知道”“哪会知道”，应该看作由两个词构成的短语。是高度能产的句法结构，可符号化为“哪＋VP”。用作反预期标记的“哪知道 2”结合紧密，语音弱化，不允许有短暂停顿，句法上也不能再插入“能”“会”等其他成分，可以说已经熟语化了，能产度很低，应看作一个独立的类似词的单位。本书认为，“哪知道 2”的词汇化程度高于“哪知道 1”，前者是后者进一步词汇化的结果。

从“哪知道 1”词汇化为“哪知道 2”的重要句法语义条件是“哪知道”后所接宾语的类型。根据上文分析，“哪知道 1”后可接零形式、体词性成分、谓词性成分以及小句，依次如下：

(41) 祝无双：我哪知道？都得听我们燕捕头的！

(42) 秦尤耀武扬威，自称大太爷，满不含糊，他哪知道老英雄的苦心？

(43) 那，我在家里睡觉，我哪知道是什么人？

(44) 科长说：“我哪知道你是真话假话？”

值得注意的是，从例（41）—（44）“哪”和“知道”之间的语音间隔越来越短，例（41）“哪”可以重读并拖长音，与“知道”的语音间隔较长，读如“‘我’哪～～知道?”；例（44）尽管“哪”和“知道”之间仍然可以有语音上的停顿，但停顿间隔大大缩短，在自然语流中几乎连在一起。另一方面，“知道”与后面宾语的结合越来越松散，当宾语为小句且有自己的主语，又具有相对独立性时，其后的小句不必再看作“知道”的宾语。“知道”有可能与小句宾语分离，而与“哪”结合为一个韵律单位，久而久之，会产生句法上的重新分析，即由“哪｜知道＋宾语”变为“哪知道｜宾语”。

反预期标记“哪知道 2”的典型格式是（以为）A，（。）哪知道 B，B 是小句。因此“哪知道 1”后接小句宾语是词汇化为“哪知道 2”的重要句法条件，但仅宾语是小句还不够，还必须是陈述性小句。因为当宾语为疑问形式的小句时，小句的疑问语气会坐实疑问代词“哪”的疑问用法，使得它不能虚化，更不可能向非疑问用法的反预期标记演变。正因为如此，现代汉语中反问用法的“哪知道 1”的小句宾语大多数都是疑问形式的。

“哪知道 1”词汇化为“哪知道 2”的另一个关键步骤是句法位置的改变，当“哪知道 1”所在句子的主语承前省略时，常位于句中的“哪知道1”就到了句首，为进一步词汇化为“哪知道2”创造了条件，如：

(45) 说到这里，乔老激情地唱道：“有人说你富贵，(他们) 哪知道你曾历尽贫寒……”

(46) 小耿这人单纯，(他) 哪知道人们闪烁的眼光里有这么许多内容。

(47) 不知道的人，说我们只是出钱修路，(他们) 哪知道我们这样遭罪受苦，几乎把命都搭上了。

例(45)—(47)仍是“哪知道1”，意为“怎么知道”，前面都能补出一个主语，例句中用( )表示。三例中，前后句主语相同，语义对立，“哪知道”可以替换为“没想到”，辖域为所在小句，表示后句的内容出乎前句句子主语的意料，已经十分接近反预期标记“哪知道2”。但是以上三例中的“哪知道”在语义上仍是必需的，不能去掉。这也是它们区别于“哪知道2”的特征。

当位于句首的“哪知道1”前后分句主语不同时，后句内容便不再表示出乎前句句子主语的意料，而是说话人即言者对前后语句语义上的联系进行更高层次的评价，表示后面的事实与言者的预期相反。所表达的出乎意料的意味主要指向言者主语，当然在一些情况下理解为句子主语也说得通。正因为“哪知道2”反映的是言者对相邻话语单元之间关系的认识，所以作为反预期标记的“哪知道2”具有明显的主观性和程序性，并且辖域扩大到了其前后的话语。如：

(48) 商店里正好也没他要的东西，就马上离开了。哪知道走了还不到100米，爆炸发生了。

(49) 王继林望着窗外的雨丝，心头纷乱如麻。哪知道，就在这个时候，尉彭城一声不响地冒雨来到王继林父亲的病床前。

(50) 那一回他交给张笑天一篇稿，让他在一星期内改出来，哪知道第二天就给送来了，改得头头是道。

上述三例均是“哪知道2”，前后句主语不同，后句表述的事实出乎言者主语的意料，体现反预期标记功能。

“哪知道”从短语词汇化为反预期标记经历了语音弱化、形态边界重新分析以及辖域扩大的过程。在这一过程中，“哪知道”失去语义的组构性，理据性逐渐减弱，其意义不能完全从组成成分“哪”和“知道”推导出来。这一过程也可以从“那知”和“那知道”由否定义发展出反预期义的历时演变中得到证实。相比“哪知道 1”，反预期标记“哪知道 2”的能产性减弱，语义明确性增强，语言使用者必须单独学习才能掌握。

第四节　小结

本章论述了否定类反预期标记的特点，该类标记得名于其形式特点——由否定义语素和心理动词构成，是对心理预期的否定。否定类反预期标记在话语中形成独立的语调单位，与其他语言单位之间有停顿，语音上可以重读；主要起语用制约和促进语篇连贯的作用，享有一部分反预期标记的性质和功能，主要表达与说话人和社会共享预期相反的信息，属于反预期标记的边缘成员。

否定类反预期标记可进一步分为两类，一类由“不/没”+心理动词构成，如“不料”“不想”“没料到”“没想到”；一类由疑问代词+心理动词构成，如“谁知”“哪想”“怎料”。后者在语义上相当于“不+心理动词”。两者作为反预期标记，均表示事实或现实与说话人或社会共享预期相反，该预期或是前句的显性意义，或是可通过前句推导出的隐含意义。否定类反预期标记的动词语素均具有［－可控］的语义特征，正因为发生的事件是说话人心理上不可控的，所以具有反预期的心理基础。

否定类反预期标记成员多达 13 个，句法结构和功能相近，但也存在一定的内部差异，表现在主观性、语义倾向性和语用这三个方面。本章分析了“没想到、不料、谁知、哪知、怎料”五个否定类反预期标记的区别，它们之间的差异可总结为，“没想到”一般修饰句子主语，余下既可修饰句子主语又可修饰言者主语。“不料”所接句子语义有强烈的消极和不如意倾向性，其余没有明显差别。“怎料”的口语性最差，使用频率最低，替换能力最弱。

本章具体讨论了反预期标记“哪知道”的共时用法和历时演变。共时层面，“哪知道”的典型话语格式为：“（以为）A，（。）哪知道 B。”A 或是一个显性预期或可以据此推出一个隐性预期，B 表示与预期相反的实情。当A为显性预期时，一般有“以为”“想”等表示预期的词语。当前句A中没有“以为”“想”等表示预期的词语时，A句本身不再是预期信息，但从A能推出一个隐含信息A’，“哪知道”连接的后句B与隐性预期A’相反或相对。

第三章曾指出，反预期标记的形成过程受到词汇化和语法化的作用。本章以“哪知道”为例，具体说明了词汇化在反预期标记形成中的作用：“哪知道”由“那知”和“那知道”演变而来，由最初的“那+VP”句法结构经过重新分析（由“那｜VP+宾语”→“那VP｜+宾语”），词汇化为类似一个独立词的反预期标记“哪知道”，其间经历了语音弱化、形态边界重新分析以及辖域扩大的过程。在这一过程中，“哪知道”失去语义的组构性，理据性逐渐减弱，其意义不能完全从组成成分“哪”和“知道”推导出来。

第七章

转折类反预期标记及“但是”

第一节　转折类反预期标记概述

一　转折概说

（一）转折关系的内涵

转折是一种语义关系（《中国文法要略》将之归为“离合·向背”关系），需要通过两个分句表现出来，因此是复句研究的一个重要类型。对于转折关系的定义各家看法并不一致，归纳起来有两种类型：一类从逻辑语义角度加以定义，以黎锦熙、王力等为代表，早期汉语语法著作主要持这种观点：

> 反正之句者，即前后句意义相背，中假连字以捩转也。捩转而不用连字者亦有焉，然不概见也。　　《马氏文通》
>
> 重转的，后句反对前句，表示全部相反的观念与事效。《新著国语文法》
>
> 转折式是把性质相反的两件事并成一句。这类句子往往用“只、但、但是、然而”等字。　　《中国现代语法》

这类定义从分句之间的表层语义关系出发，将转折定义为“前后分句的意思相反或相对”，是关于转折关系的基本观点，通行于各类现代汉语教材和基础汉语语法著作。

另一类从语用心理角度定义转折，以吕叔湘、郭志良等为代表。吕叔湘（1942［1982］：340）认为，凡是上下两事不谐和的，即所谓句意背戾的，都属于转折句。所说不谐和或背戾，多半是因为甲事在我们心中引起一种预期，而乙事却轶出这种预期，因此由甲事到乙事不是一贯的，其间有一转折。郭志良（1999）认为转折复句是心理上的转折，判断转折复句，主要不是看分句之间是否语意对立，而是看后一分句所表事实是否轶出预期，是否属于异态。事物间的关系合乎常规或常理是常态；不合乎常规或常理，就是异态。一个复合关系语段，只有前后两个语段的语义关系属于异态，才能成为转折关系语段。这类观点主要从人们使用转折句的心理因素、语用条件出发，说明转折的深层语义关系。

上述两种观点比较而言，我们认为“轶出预期”“异态”说更为合理，抓住了转折关系的本质。用第一种观点判断出的转折复句范围太大，有的并不属于转折句。比如“他长得高，我长得矮”，“他喜欢雨天，我喜欢晴天”这两个句子分句间的语义关系都是相反对立的，但多数研究者都不把它们视为转折关系而视为并列关系。用第二种观点“轶出预期”的标准就可有效剔除这些看似语义对立，实际不属于转折的复句：“他长得高”和“我长得矮”“他喜欢雨天”和“我喜欢晴天”互相之间都没有必然联系，也就是说前一个分句都没有引起某种预期，后分句虽然在语意上与前分句相反，但是并不存在轶出预期的可能，因此也就不是转折关系。

郭燕妮（2008）综合各家观点，概括出转折关系复句的基本内涵：第一，前后两个分句的意思相反或部分相反；第二，除非由于语用上的特殊需要或由于句法结构上的制约，一般来说，转折关系复句的后一分句是说话人或作者的表意重心；第三，前一分句叙述的一个事实在人们的心中引起一种预期，后一分句却轶出了这个预期。

（二）转折关系标记

转折关系在语言中随处可见，根据形式标记的有无可分为有标记句和无标记句两类。无标记句即通过前后句语义关系构成的意合型转折句，而有标记句往往是借助一些关联词语来连接的形合型转折句。标记转折关系的关联词语主要有两类：转折连词和转折副词，前者如“然而”“但是”“可是”“不过”“虽然”等，后者如“反而”“反倒”“却”“其实”“实际上”等，这些关联词语可以构成各种各样的转折复句，其中最典型的是由“但是”构成的转折句。

传统观点认为转折复句包括转折句和让步句。后者指从句和主句立于反对的地位，但说者也承认容许从句事实或理由的存在，像是表示说话时的让步（黎锦熙，1924）。让步句又可进一步分为容认句和纵予句，前者如“虽然”“固然”“尽管”等连接的句子，后者主要以“纵然”“即使”“就是”等作为连接标记。两者的前句均表示有所让步姑且承认，后句再表示转折，所不同的是，容认句的前句承认的是实在的事实，纵予句所承认的是假设的事实（吕叔湘，2002：435）。比如：

我虽然把地址说给了他，他还是没找到。（容认）
我虽然没把地址说给他，他还是找到了。（容认）
那是个大地方，你就是把地址说给他，他也不容易找到。（纵予）
那是个小地方，你就是不把地址说给他，他也找得到。（纵予）

以往一般把复句分为联合和偏正两大类，转折复句被认为是偏正复句下的一小类。邢福义先生另辟蹊径，他把复句分为三大类，转折作为其中的一类，与并列、因果鼎足三立。邢福义（2001）的转折类复句是表示广义转折关系的各类复句的总称，包括转折句、让步句和假转句。转折句是指分句间有突然转折关系的复句，前句没有预示后分句将要转折的任何标志，也叫突转或直转句，其代表式是“……，但是……”；让步句是指分句间有先让后转关系的复句，包括实让句、虚让句、总让句、忍让句，代表式分别是“虽然……，但是……”“即使……，也……”“无论……，都……”“宁可……，也（不）……；假转句是指分句间有假转关系的复句，所谓假转，即假言否定性转折，代表式是“……，否则/不然/要不……”。邢福义指出，上述三类转折复句反映了各种各样的转折聚合，其聚合点是事物间的逆转性，或者说是事物间的矛盾对立。

本书讨论的转折关系仅限邢福义所说的转折句和让步句（实让、虚让、总让、忍让），不包括假转句。

二 转折类反预期标记的总体特征

反预期是与某个特定预期相反、对立的话语信息，转折关系的本质是“轶出预期”或“异态”，两者具有天然的相通性，转折是表达反预期的重要手段。彭利贞（1997）指出，实际情况与人们的估计相左，或者事件的发展出乎原来人们的估计或预料也能用转折关系的复句来表达。转折复句结构“A，但是B”之所以有转折的意思，是因为A和B之间有某种蕴含对立关系，即在一般情况，也就是大多数情况下，如果A那么较大可能非B，记作A→M1~B。这既是转折复句的预设，也是前句A代表的甲事在人们心中引起的预期，而实际情况却是B，B代表的乙事轶出预期，因此“A，但是B”才能成立。同样，“虽然A，但是B”“即使A，（但）也B”“宁可A，（但）也B”“无论A，（但）也B”这些让步式转折句式之所以能够成立，仍然是有这么一个预期在支撑它们：如果A，那么较大可能非B。而实际情况是B，所以才需要用转折去表达此意。（参看王维贤，1994；胡培安、王岩，2000；刘永红，2003）

可以说，从A到B在语义上是转折，在心理上则是反预期，通过“反而”“反倒”“虽然……，但是……”“即使……，也……”“无论……,都……”“宁可……，也（不）……”等关联词语标示出来。王维贤（1994）指出，关联词语不仅反映客观的事理关系，而且还反映了人对客观事物或关系的主观态度。转折关联词语体现的主观态度就是反预期。

转折类反预期标记的主要成员包括转折连词如“然而”“但是”“可是”“不过”等；转折副词“却”“其实”；转折关联词语“宁可……也”“即使……也”“无论……都”等。一部分转折类反预期标记如“但是”“可是”“然而”“不过”等同时也是话语标记，在本章个案分析部分会详细论述“但是”的这两种不同功能之间的联系。

转折类反预期标记与否定类反预期标记的性质和功能相似，在韵律音质上也是独立的，可以通过重音、停顿从上下文语境中分辨出来，形成独立的语调单位。与否定类不同的是，转折类反预期标记基本没有概念意义，只有程序意义，在话语中主要起语用制约和促进语篇连贯的作用。比如：

a 的确，工作效率会受工作条件的影响，然而，出乎意料的是不管条件怎么改变，如增加或减少工间休息，延长或缩短工作日，每一个实验时期的生产率都比前一个时期要高。

b 他可能有所喜爱的人物，可是，他不会饶恕他们的过失。

反预期标记“然而”和“可是”与后接成分结合松散，语音上有明显停顿，形成一个独立调群，文字上表现为可以用逗号隔开。两者对所在句子的真值条件意义没有贡献，但是影响话语单位之间关系的理解，指明所连接的前后小句之间存在反预期关系，表达程序性意义，是话语理解的线索。“然而”连接的前句表示“工作效率会受工作条件影响”，后句的意义却是“不管条件怎么变，生产效率都会变高”，语义与前句直接矛盾，如果没有“然而”标示的反预期程序义就会显得突兀和对立，造成语义的不连贯。“可是”也具有同样的语用制约和促进语篇连贯的作用。

三　转折类反预期标记的表达机制

转折类反预期标记构成的复句表达与某个预期相反的命题，该预期或是前分句本身，或由前分句推理而得，或是由前后分句构成的语用量级。下面根据第二章内容具体分析转折类反预期标记所体现的不同反预期形成机制及表达功能。

（一）与合情推理相反

转折类反预期标记联系的前后分句间“如果 A 那么较大可能非 B（$A \rightarrow M1 \sim B$）”的逻辑蕴涵关系其实是基于合情推理得出的结论。所谓合情推理是一种前提“可能不完整、不确定、不准确，或者只是部分有关的演绎推理”（Collins & Michalski，1989），结论仅是很有可能为真（合情），但不排除为假的可能性，其结论具有可取消性。徐盛桓（2005）把合情推理码化为：

$$((\Diamond(p \rightarrow q)) \land p) \rightarrow \blacklozenge q$$

其中“◇”表示很可能，“◆”表示可信，上述公式读作假如有 p 必有 q 是很可能的且今有 p，则可信有 q。这里的前提具有概率性（probability），结论只具可信性（credibility），这一推断不具必然性（徐盛桓，2005）。转折复句中，前句是 p，“有 p 很有可能就有 q”（$\Diamond(p \rightarrow q)$）是句子的预设，构成言者预期，一般是听说双方的百科知识或社会共享知识，转折复句后句是 ~q，与预期 q 相反或相对，从而形成语义上的转折。与合情推理形成的预期相反是转折复句最基本、最广泛的逻辑语义关系，大部分转折句和让步句的反预期意味都来自这里，比如：

（1）成功很难，特别是在演艺界，有的人无论怎么努力，奋斗一辈子都不会成功。

（2）在人们心目中，老虎一直是危险而凶狠的动物。然而，在正常情况下东北虎一般不轻易伤害人畜。

(3) 西方国家生产纯碱虽然已有100多年历史，但是工艺落后，生产成本高。

(4) 即使你烧成灰，我也认得出来。

上述例句中，“无论……都”“然而”“虽然……但是”“即使……也”都是转折关联词语，分别是总让句、转折句、实让句和虚让句的典型标记，同时也是反预期标记，它们不重读，几乎没有概念意义，不影响所在句子的真值条件，修饰部分的内容与句子预设（预期）相反，符合第二章提出的反预期标记特征。从反预期形成机制来看，上述例句均与合情推理相反。例（1）的推理过程如下：

1 大前提（隐）：付出会有回报。（百科知识）
2 小前提（现）：努力奋斗了一辈子。（转折复句前一分句）
3 推论（隐）：会成功。（预期）
4 实际（现）：不会成功。（转折复句后一分句）

这里，百科知识作为大前提和背景知识没表述出来，通过合情推理获得的预期（推论）则以会话含义的形式隐藏在句中，只有小前提和实际情况被说话人明确表述出来，构成转折复句的前后两个分句。例（2）—（4）也可作相同的分析，只是由于各句选用的转折关联词不同，句子的语势和反预期程度会有所差异。

例（1）为总让句，是对各种条件的总体性让步。“无论p”提出各种可供选择的条件，统统认可又都统统排除，特别强调结果q的出现不受p的影响（邢福义，2001：470），也就是说结果“不会成功”无论如何都不受“怎么努力，奋斗一辈子”的影响，完全否认成功的个人努力因素，与人们“付出—回报”的预期大相径庭，句子语势强烈，反预期程度高。

例（2）是突转句，前分句产生“老虎会伤害人畜”的预期，后句在没有任何预示的情况下突然转折，表达“老虎不轻易伤害人畜”的反预期信息。一正一反，对立明显，反预期程度高。例（3）是实让句，前句有表示姑且承认的“虽然”，为后句转折埋下伏笔，因此就反预期程度而言不及突转句强烈。例（4）也是让步句，但前句“你烧成灰”是假设的事实，因此属于虚让句，和实让句相比，含有夸张的因素，强调后句不受前句条件影响的意味更重，反预期程度更高。例（1）—（4）的反预期形成机制相同，但反预期程度不同，如果作一番排序的话，例（2）>例（1）>例（4）>例（3）。总体而言，转折句因为没有预示转折的标志，反预期程度高于有预转词的让步句，让步句内部则总让>虚让>实让。

（二）与个体已知信息直接相反

有些转折复句的预期并不是隐含的，而是显现在句中，或是复句前分句，或是上文已出现过的命题，后句一般表现为前句或上文命题的否命题，直接与预期相反，比如：

（5）我们去那儿的原因是以为那个地方很凉快，但是事实上，接连十天的高温，超过了华氏100度，比北京还热。

（6）我原想晋祠的古建筑很可能会引起游人的兴趣，然而为游人所注意的却是圣母殿内的塑像。

（7）说是平房，其实是一个用石棉板把四周挡起来的小棚子。

（8）他（范爱农）又告诉我现在爱喝酒，于是我们便喝酒。……爱农做监学，还是那件布袍子，但不大喝酒了。

传统上一般把例（5）—（8）归为对比类转折句，这类句子比较两个不同事物或一个事物的两个不同方面，比较对象在前一分句的是直接对比，在上文或句外的是间接对比（陈月明，1995；王忠玲，2001），这类转折句无法用王维贤的“如果A那么较大可能非B（A→M1～B）”解释。这类转折句的反预期义形成于事实与已知信息构成的预期相反。与已知信息直接相反是指说话人/受话人对某事态持有某种信息，但发现事实或他人的观点与该信息相反。该信息多源于个体的经历、记忆、知识、信仰、观念、愿望等以及仅限交际双方的共知信息。其反预期形成机制可码化为p∧～p，其中p为预期，～p为反预期信息。如例（5）是由“但是”构成的转折句，言者“我们”原以为那个地方很凉快，这是“我们”的预期，然而事实是“那个地方超过华氏100度，比北京还热”，实际与说话人预期直接相反，构成语义上的转折。例（6）与例（5）相似，是“然而”构成的转折句，言者“我”的预期是“古建筑会引起游人兴趣”，实际结果却是圣母殿内的塑像引起了游人注意，实际与预期不符。例（7）

前句的“平房”是言者预期，后句的“小棚子”与“平房”直接对立，用“其实”加以转折，标示这个反预期信息。例（5）—（7）句的预期均出现在转折复句前句，后句命题与预期对立。例（8）略有不同，与后句命题相反的预期并不是出现在前句，而是在句外。“范爱农爱喝酒”在前文早有出现，是已知信息构成的预期，李军、王永娜（2004）称之为句外对比类转折复句。

（三）与特定语用量级相反

有些转折复句的反预期形成机制与特定语用量级有关，具体而言就是指说话人根据语境建立一个有关可能性的语用量级标尺，可能性大小的排列次序与特定言语社团的风俗习惯、价值观念等共享经验有关，说话人陈述的事物或事件处于语用量级的最低端，即最不可能的情况，然而这种最不可能的情况竟然发生了，从而形成反预期。典型的是以“宁可……也（不）”为代表标记的忍让式让步句，比如：

（9）美国海军部次长金布尔甚至说：“无论到哪里，他都值五个师”，“我宁可把他枪毙，也不让他离开美国！”

（10）许多好心人想成全他，为他介绍老伴，女方仅提一个条件，就是要他下山。可他宁可孑身一人，也不肯离开云阳山上的讲台。

（11）他曾说：“企业可以收盘，学校不能不办”，“宁可变卖大厦，也要支持‘厦大’”。1961年临终前，陈嘉庚将自己余下的300多万元全部捐献给国家。

（12）他是属于宁可麻烦自己，也要方便别人，因而受到敬重的那么一些名人中的一位。

传统语法著作一般把“宁可……也（不）”句式归为选择复句或取舍复句。当用“宁可……，也不”做关联词时，两个分句所代表的两种事物或情况经说话人评估比较后选前而舍后，王维贤（1994）称为优选句；而用“宁可……也”做关联时，两个分句所表示的都是所取的。邢福义（2001）认为“宁可”是让步标记，只要有“宁可p”，就具有掉转之势，后句只能是逆承的，在这点上与“虽然”“即使”等同。此外，“宁可p，也q”具有转折性，前后分句间可加上“但”类词，据此他把“宁可p，也q”归为让步转折句。

本书认同邢福义的观点，因为“宁可 p，也 q”体现的选择往往不是常态，而是异态的，具有逆转性。“宁可 p，也（不）q”句式构成一个关于选择可能性的语用量级，按照常理或一般情况，选择 q 的可能性高于 p，p 处于语用量级的低端，然而说话人却选择了较不可能的 p 而舍弃较高可能的 q，与预期不符。比如例（9）“把他枪毙”和“让他离开美国”构成一个关于选择如何处理他的语用量级，一般情况下，“让他离开美国”位于量级的高端，“把他枪毙”位于低端，也就是说一个常态（预期）的选择应该是前者而不是后者，但是说话人却选择了可能性低的一项，从而使语用量级反转，与常规预期不符。例（10）也可以作同样的分析。

例（11）和例（12）与例（9）、例（10）略有不同，它们的关联词语是“宁可，也”，不是选 p 舍 q，而是两个都选。“宁可 p，也 q”句式构成的语用量级不是 p 和 q，而是 p∩q 与 ~p∩q，按照常理，~p∩q 的可能性高于 p∩q，但说话人却选择了可能性低的一项。例（11）p“变卖大厦”和 q“支持厦大”构成了一个选择项 p∩q：变卖大厦以支持厦大，与另一个选择项 ~p∩q：不变卖大厦去支持厦大构成一个语用量级。按照常理，人不会变卖家产去做公益事业，因此“不变卖大厦去支持厦大”的可能性高于“变卖大厦，支持厦大”，但陈嘉庚却选择了可能性低的后者，与社会共享预期相反，通过反预期性显示说话人坚决的态度。同理，例（12）也可作相同的分析，此处不再赘述。

忍让句构成的有关选择可能性的语用量级可分为两类，一类由前句 p 和后句 q 构成，p 位于语用量级的低端，q 位于高端，说话人选择 p 而舍弃 q，形式标记为“宁可 p，也不 q”；另一类语用量级的低端是忍让句命题 p∩q，位于高端的是负命题 ~p∩q，未在句中表现出来。说话人舍弃了较可能的 ~p∩q 而选择了不太可能的 p∩q，形式标记为“宁可 p，也 q”。

除了忍让句外，有些转折句的反预期形成机制也可用语用量级来分析，如：

（13）自然是伟大的，然而人类更伟大。

（14）白天，它常常站在树枝上闭目养神，可是到了夜晚，它就像一名警惕的哨兵，睁着两只铜铃般的眼睛，俯视着田野。

王忠玲（2001）把上述两句称为直接对比转折句，即把两个不同事物或一个事物的两个不同方面直观地在句中显现出来，并比较二者的差异。前文已经指出，对立性和差异性不是转折句的充分条件，判断转折复句，主要不是看分句之间是否语意对立，而是看后一分句所表事实是否轶出预期，是否属于异态。如果用语用量级颠倒的观点来看，例（13）和例（14）就充分体现了这种异态性。比如例（13）可以构成一个关于“什么是伟大”的语用量级，在这个量级中，就一般情况而言，大自然的可能性高于人类，也就是说大自然比人类更伟大，但是例（13）的后句却是“人类更伟大”，说明言者心中的语用量级是颠倒的，即他认为人类伟大的可能性高于大自然，与社会共享预期相反，体现了异态性。例（14）构成关于“晚上做什么”的语用量级，按照常理，晚上睡觉的可能性高于活动，但是例（14）陈述的事实却正好相反，白天休息晚上活动，与社会共享预期相反。如果仅仅是前后分句的差异性和对立性就能构成转折句的话，那么把例（14）前后分句互换应该仍旧是转折句，然而互换之后，例（14’）的可接受性就大打折扣了：

(14’)？白天，它就像一名警惕的哨兵，睁着两只铜铃般的眼睛，俯视着田野。可是到了夜晚，它常常站在树枝上闭目养神。

以上分析了转折类标记的反预期表达机制和特点。一部分转折类反预期标记如“但是”“可是”“然而”“不过”等同时也是话语标记。下面，以“但是”为考察对象，论述它作为反预期标记和话语标记的功能以及这两个功能间的联系。

第二节 “但是”的已有研究及问题

一 逻辑语义角度的研究

传统对“但是”的分析主要是说明其表达的逻辑语义关系以及出现的句法位置。“但是”是连词，可以构成最典型、严格意义上的转折句式“（虽然）p，但是 q”，表达转折关系，即先提出一个肯定事实，然后用“但是”引出在意义上与前面事实不同的另一事实。作为连词，“但是”

可以连接词、分句、句子甚至段落，比如：

(1) 我喜欢这个调皮但是诚实的孩子。

(2) 我的老家在广州，但是我从来没去过。(以上，《现代汉语虚词词典》)

(3) 一九二二年美国召集的华盛顿九国会议签订了一个公约，又使中国回复到几个帝国主义国家共同支配的局面。但是没有很久，这种情况又起了变化。

(4) 我们主张积极的思想斗争，因为它是达到党内和革命团体内的团结使之利于战斗的武器。每个共产党员和革命分子应该拿起这个武器。

但是自由主义取消思想斗争，主张无原则的和平，结果是腐朽庸俗的作风发生，使党和革命团体的某些组织和某些个人在政治上腐化起来。 (以上，《现代汉语虚词例释》)

例(1)—(4)“但是”分别连接词、分句、句子和段落。长期以来，研究者们较为重视“但是”前后两部分之间的语义关系，归纳出来的关系有两种(《现代汉语八百词》、《现代汉语虚词例释》)、三种(邢福义，2001；刘云、李晋霞，2013)、四种(胡培安、王岩，2000；李军、王永娜，2004)甚至五种(杨月蓉，2000)之多。其中三种说较为通行，以邢福义(2001：292—293)观点为代表：

第一，直接对立。两种事情同时存在，互相对立。说“p，但是 q”，p 和 q 各代表直接对立的一个方面。如：

(5) 画家都应该是勤于观察的，但是也有一些闭门造车的画家。

第二，因果违逆。甲事为因，乙事是逆着甲事而出现的结果。说“p，但是 q”等于说“p，所以一般情况下非 q，但实际上是 q”，如：

(6) 他白发如雪，但是精神矍铄。

第三，稍有抵触。两件事情同时存在，并不对立，但稍有抵触，说

“p，但是 q”，目的是以乙事对甲事加以订正和补充，如：

（7）改革中可能出现这样那样的小毛病，但是不要紧。

这三种语义关系类型的名称在其他分类中略有不同，如第二种也称为蕴涵对立，即王维贤（1994）提出的“A→M1 ~ B”，第三种也叫作补充限制。名称虽然有异，但实质基本相同。

二 认知语用角度的研究

以往对“但是”的研究主要在结构主义框架下进行，重点关注逻辑语义关系。近年来，受话语标记理论和关联理论的影响，也有学者开始从语用、认知角度重新分析“但是”。

方梅（2000）指出连词在长期高频使用中可能会出现语义弱化倾向，即不再表达逻辑语义关系而只辅助话语单位的衔接，成为话语标记。她对自然口语中的“但是”进行统计分析后发现“但是”的语义弱化用例占所有用例的33.3%，语义弱化的“但是”在对话中不表达真值语义关系，而是言谈中构架话语单位的重要衔接与连贯手段，是一种话语标记。方梅认为“但是”作为话语标记仅具有话题切换和话轮转接的功能。马国彦（2010）在方文基础上进一步分析了“但是”的话语标记功能，他认为除了话题切换和话轮转接外，“但是”还具有话题设立、话题顺接和话题链修补的功能。

周琳、邹立志（2011）受关联理论对概念意义和程序意义的区分启发，着重分析了“但是”的程序意义。他们指出，在“A（A’），但是/但 B”中，A 和 B 代表一个话语、一个手势或一个语境；A’是由 A 引出的假设。“但是/但”的程序意义是引导与现时的语境假设产生矛盾，并取消这一语境假设的命题。提示听话者注意第二部分的信息与第一部分的明说或隐含是矛盾或排斥的，从而取得话语的关联。

张健军（2013）在关联理论视角下分析了“虽然……但是”格式转折复句的反预期表达现象，认为在转折复句的特定情境下，“关联”集中体现为话语双方对反预期表达程序进行明示与推理的参与过程。受到预期触发语（expectation - triggers）的触发作用，受话人在相应的理想认知模型（ICM）框架下形成了对后续信息的语境假设，而后出现信息与假设相反，使假设向反方向扩充，从而成为反预期信息。

三　现有研究存在的问题

前贤对“但是”开展了卓有成效的分析和讨论，深刻揭示了其逻辑语义关系和认知语用特点，但还存在一些问题，主要表现在以下三个方面：

1. “但是”的逻辑语义关系分类因人而异，主观性强。如上所述，“但是”的逻辑语义关系少则两种，多则四五种，无明确的分类标准，主要靠研究者自身语感，导致有的分类区别性不强而有的分类和例句之间不能很好地说明。比如杨月蓉（2000）区分了“但是”的五种语义关系，其中 B 类和 C 类的说明和例句十分相似，几无区分必要。

2. 未区分“但是”的不同功能，造成混淆。对转折连词“但是”的逻辑语义关系分类中，常有一项“补充限制类”，一般对此的解释是“但是”连接的正句与由偏句推出的结论之间并不互相对立，前后分句之间也没有比较关系。这种转折复句的后分句只是在内容上对前分句加以补充、说明或限制（王忠玲，2001）。本书认为，这其实源自古代汉语表“只、仅”义的限定范围副词“但”的语义，不应该纳入转折关系讨论。既然已经认识到补充限制类转折句前后分句不存在对立、转折的语义关系，为何仍要硬生生归入转折关系，恐怕正是没有区分“但是”的不同用法所致，结果张冠李戴，造成混淆。

3. 缺乏能够统摄“但是”用法的解释。近年来尽管已经有一些学者从语用和认知角度探讨“但是”的反预期表达和话语标记功能，然而这些文章在突出“但是”某一功能的同时也忽略了与其他功能的联系，缺乏对“但是”的总体性概括和各种用法之间演变关系的讨论。

下面将从反预期表达功能出发，论述“但是”表示的深层语义关系，并就其反预期标记和话语标记用法之间的关系与演变作出说明，以尝试解决上述三个问题。

第三节　“但是”作为反预期标记

一　“但是”：转折还是反预期？

《现代汉语八百词》对“但是”的释义是“表示转折。引出同上文相对立的意思，或限制补充上文的意思"。大部分语法词典都持类似意见，可以说"转折"是"但是"最通行也是最简洁的语义概括，即"但是"连接的前后分句意思相反或相对。然而，"转折"并非"但是"使用的充要条件。一方面，前后分句意思相反相对的不一定要用"但是"构成转折句，也可能是非转折句。比如：

(1) 结合自然语言讲逻辑，既是一个古老的传统，又是一个崭新的课题。

(2) 语文教学研究领域一方面是思想活跃，异彩纷呈，研究工作步步深入，取得了较大的进展，一方面又存在许多不足。

例 (1)"古老的传统"和"崭新的课题"以及例 (2)"较大进展"与"许多不足"都存在语义相反或对立，然而作者并没有用转折关联词连接前后对立的小句，而是用"既……，又……"和"一方面……，一方面……"这些典型的并列关联词。

另一方面，"但是"连接的前后分句语义不一定相反相对，也可能相近或相似，比如：

(3) 研究口语是重要的，但是对于经过文学加工的书面语也不应忽视。

(4) 我平时训练就算很刻苦的了，但是王克楠比我更刻苦，付出得更多。

例 (3) 前句表示"口语重要"，后句表示"书面语也重要"，都讲"重要"。例 (4) 前句表示"我很刻苦"，后句表示"王克楠更刻苦"，都在说"刻苦"。例句前后两句句意相似，却仍然使用了"但是"。

以上说明"转折"既非使用"但是"的充分条件也不是必要条件。吕叔湘先生（1982：340）曾指出转折"多半是甲事在我们心中引起一种预期，而乙事却轶出这种预期，因此由甲事到乙事不是一贯的，其间有一转折"。正是这个"轶出预期"即本书所说的反预期才是"但是"使用的充要条件，"转折"只是反预期的一种表现。

如果把反预期而不是转折视作"但是"的真正语义就可以解释例

(1)—(4)的矛盾现象。例(1)和例(2)前后两个分句虽然语义对立，但是并没有与某个预期相反(至少言者不这么认为)。一般而言事物均有两面性，“既传统又崭新”“积极的一面和消极的一面”是对立统一的，与人们的预期相符，因此不适合用“但是”；相反，例(3)和例(4)虽然前后句语义相似，然而后句与某个预期相违背，因此还是可以用“但是”。比如例(3)前句“研究口语是重要的”意味着相对而言，书面语没那么重要，这个隐含义就是例(3)的预期，“但是”修饰的分句表达的意思是“书面语也同样重要”，与该预期相违。同样地，例(4)前句“我平时训练算刻苦的了”意味着其他人没我那么刻苦，这个隐含义是说话人“我”的预期，然而“我”却发现，其实还有人更刻苦，这就与说话人的预期相反了。

本书认为，“但是”的本质在于标示反预期信息，其所修饰分句表达的意思总是与某个预期相反，是反预期标记。

二 反预期标记“但是”的性质功能

反预期标记“但是”属于虚词，意义比较虚灵，主要体现的是前后分句之间的关系，这可以从概念意义和程序意义的角度加以说明。语言形式可以编码两种信息，一种是直接参与概念表征的信息，即概念；一种是如何对概念表征操作的信息，即程序。区分概念和程序的认知基础是基于表征和运算，编码概念意义的语言形式影响断言的内容，它构成概念表征成分。编码程序意义的语言形式则是表示如何在推理中运用和处理这些概念表征(朱铭，2005)。

作为虚词，“但是”基本不具有概念意义，对所在句子命题的真值条件意义不产生影响。比如：

(5)张三很丑，但是很温柔。

只要“张三很丑”和“很温柔”同时为真，例(5)即为真，其中“张三”“很”“丑”“温柔”具有概念意义和真假值(体现为可以被否定)，参与命题真值意义的构建，如果有一个为假，整个句子即为假。然而，“但是”对句子的真值意义没有贡献，也没有真假可言(不能被否定为“不是但是”)，在语言处理中不编码概念表征信息。

作为连词，“但是”指示前后话语之间的关系，更多体现的是程序意义，引导听话人或读者对话语前后语义关系进行识别，从而为理解提供方便。比如：

（6）老人家经常接济穷人，但是从不希望得到些微回报。

“但是”标示所修饰分句与前分句存在反预期关系。根据“帮助别人一般也希望今后能得到别人的帮助”这一常理，前句“老人家经常接济穷人”能够产生一个预期：老人家也希望得到回报。然而后句“从不希望得到些微回报”与之矛盾，撤销了该预期。如果没有“但是”，前后分句之间也可以理解为递进关系，比如：

（6’）老人家不仅经常接济穷人，而且从不希望得到些微回报。

说话人用“不仅……而且”连接前后分句，说明其不重视后分句对前分句产生预期的违逆关系，而重在指出前后句的递进关系，也希望听话人从这个方向去理解。又如：

（7）肚子很饿，气力不够，必须鼓着勇气前进。
（7’）肚子很饿，气力不够，但是必须鼓着勇气前进。
（7’）肚子很饿，气力不够，因此必须鼓着勇气前进。

如果把“肚子很饿，气力不够”看作条件，可以推出“没有勇气前进”的结论，该结论构成前句形成的预期，后句“鼓着勇气前进”与该预期矛盾，用“但是”标明前后分句存在反预期关系，如例（7’）。如果把“肚子很饿、气力不够”视作原因，那么“必须鼓着勇气前进”就是前句的结果，用“因此”表示前后分句是因果关系。

“但是”的程序意义简而言之就是反预期，即标明修饰语段表达的意义与前语段的预期相反，具有语用制约和促进语篇连贯功能。就说话人而言，标志言者对于话语单位之间序列关系的观点；就听话人而言，为理解前后语段之间的关系指明了方向，使话语理解更符合说话人的本意。同时，“但是”指明两个前后矛盾语句在说话人心目中的反预期性，从而使表面对立的语篇带有连贯性。

三 “但是”转折句的反预期表达类型

根据预期出现与否可将“但是”转折句表达的反预期类型分为与显性预期相反和与隐性预期相反两类，前者预期在句中出现，是前一分句的命题内容，后句与该命题直接相反；后者预期未在句中出现，是前一分句的隐含义，后句与该隐含义相反。

（一）与显性预期相反

这类“但是”转折句的预期表现为前分句的命题内容，前分句往往带有“原想”“可能”“以为”“应该”“希望”等表示预想、估计义的词语，比如：

（8）我原想用发球制服他，但是没有成功。

（9）厂领导很可能要奖励他，但是他并不希望厂领导奖励。

（10）至今，有些人还以为存在着这种程序，但是科学方法的历史发展表明这种程序是不存在的。

（11）我希望孩子选修日语，但是他修了法语。

（12）你想要我出国留学，但是我不想去。

例（8）—（12）前句均表示个人对某事态持有某种看法，该看法或基于个人的认识（“用发球制服他”“很可能奖励他”“以为存在这种程序”）或基于愿望（“希望孩子选修日语”“想要我出国留学”），但后句表达的事实与该看法或愿望相反。上述例句的反预期形成机制可码化为 $p\Lambda \sim p$，其中 p 为预期，$\sim p$ 为反预期信息，可表达与个人预期相反的信息。

（二）与隐含预期相反

这类“但是”转折句的前后分句存在王维贤先生所说的“如果 A 那么较大可能非 B（$A \rightarrow M1 \sim B$）”的蕴涵关系，非 B 未出现在句中，是隐含预期，比如：

（13）回到家中的第二天，由他妻子搀扶着去了算命先生的家，他们是第一次来到算命先生的小屋，但是他们并不感到陌生。

(14) 她虽然无法明白电影是怎么拍摄的，但是每个电影故事都会使她产生许多生动迷人的想象，丰富她的智慧。

(15) 这里虽然是农村，但是附近周家桥工业区是工人集居的地方。

(16) 胡安·达里恩不十分聪明，但是非常热爱学习，这弥补了他智力方面的不足。

(17) 他做出了很大成绩，但是并不希望领导当众表扬他。

例（13）—（17）的前句均陈述一个事实 p，根据 p，通过合情推理能够得出结论 q。该推理过程是一个大前提不确定或只是部分有关的演绎推理，因而其结论仅是很有可能为真（合情），但不排除为假的可能性，“但是”转折后句表达的意思是 ~q，说明该结论为假，与预期相反。以例（13）为例：

大前提（常理）：首次去一个地方会感到陌生。
小前提（前句）：他们第一次来到算命先生的小屋。
结论（预期）：他们会感到陌生。
事实（后句）：他们并不感到陌生。

例（14）—（17）也可以作类似分析，与隐含预期相反的“但是”句均存在一个语用推理过程，大前提是为听说双方所共知的常理或常情，通常作为背景知识不表达出来，小前提是转折句的前分句，结论构成转折句的预期，隐含在句中，后句的命题内容与隐含预期相反。由于大前提为整个言语社团共享，这类“但是”转折句表达与社会共享预期相反的信息。

第四节　从反预期标记到话语标记：“但是”的再语法化

一般语法化研究主要集中于一个普通词汇如何一步步发展成语法标记，考察清楚这一过程后研究也就到此结束。然而，业已语法化的语言形式其实还可以进一步语法化，发展出新的功能，这一过程被称为“再语法化”（further grammticalization）。“但是”从反预期标记发展出话语单位的衔接功能，成为一种话语标记正是经历了再语法化的阶段。下面，首先考察“但是”的话语标记功能，然后分析其由反预期标记再语法化为话语标记的过程。

一 “但是”作为话语标记

话语标记是指序列上划分言语单位的依附成分（克里斯特尔，2000），目前学界对其名称、定义和性质还颇有分歧，但以下几点已是多数学者的共识：①话语标记是一种语言表达式，可以是词、短语或小句。②话语标记自身可能没有概念意义，它们的使用也不影响语句命题的真值条件。③话语标记不是结构成分，句法上具有非强制性，它们在语篇中的作用主要不是语义的和结构的，而是语用的，表现当前话语与前一话语之间的某种联系，它们的核心意义是程序性意义，即为话语理解提供方向，以引导听话者对前后关系的识别和说话者意图的准确理解。④话语标记在分布上具有独立性，主要用于句首，前后一般有停顿隔开（李宗江，2008）。

方梅（2000）经统计后发现，自然口语中有33.3%的“但是”不再表达逻辑语义关系而只辅助话语单位的衔接，是一种话语标记，体现话题切换和话轮转接两个功能。搜索了中国传媒大学有声媒体语言语料库①后发现，除了话题切换和话轮转接外，“但是”做话语标记时还具有话题顺接和话题找回功能，其中话题切换、话题顺接和话题找回属于语篇组织功能，在一个话轮内实现，话轮转接属于言语行为功能，在两个话轮间实现。

（一）话题顺接

说话人在组织话语时，信息表现为从话题到述题的推进。同一话题管控下，这一推进过程其实就是话题延续的过程。话语标记“但是”可用作帮助话题推进和顺接，辅助话语单位的衔接和连贯，比如：

（1）台湾媒体基本上我们看得出来，对马英九还是非常非常疼惜

① 该语料库包括2008—2012年26910个广播、电视节目的转写文本，包括谈话、独白、对话、综合等四种形式，有较强口语性，总字符数：195182188。

的，如果用这三个人放在陈水扁团队的话，台湾媒体会用什么？过去媒体就是用“童子军治理”，或者“童子军执政”，或者“童子军摄政”。但是这三个人比起过去陈水扁所用的人年纪也差不多，但是他们都是青年才俊。（《马英九换三大发言人》，《海峡两岸》2010）

这段话有两个“但是”，第一个“但是”连接的句子间存在转折关系，即“称这三人为童子军意为年纪轻”，其实和“过去陈水扁所用的人年纪差不多”。第二个“但是”连接的分句在前分句确立的话题“这三个人”下继续推进，是对该话题的进一步阐述和说明，其间并无转折或反预期关系。“但是”可以替换为“然后”“那么”等典型的话题延续标记。

（二）话题找回

所谓话题找回是指人们在围绕一个话题讨论的过程中往往会渐渐偏离了原本讨论的对象。这时候，说话人就会借助一些手段把谈话重新引回到原来的话题上。比如：

（2）我们又对光绪的一块肩胛骨进行了化验，砷的含量也是相当高。……这就说明，光绪帝死前曾服用了大量的砷化物。类似的事人们并不陌生，早在三十多年前，一则有关于拿破仑死于砒霜中毒的特大新闻，曾经震惊全球，……多数人都相信，作为阶下囚的拿破仑，为砒霜所害。但是作为大清帝国皇帝的光绪，又有谁吃了豹子胆，敢对他下此毒手呢？假若真的有人下毒，这人会是谁，又是出于什么样的宫廷诡秘要这样做呢？（《光绪皇帝死亡之谜》，《解密》2010）

例（2）开头谈论的是光绪死于砷中毒，之后话题延展到了拿破仑身上，最后又用“但是”将话题引回光绪。

（三）话题切换

话题切换是把当前话题从谈话中撤出，换上一个新的谈论对象。“但是”可用于两个不同话题之间的转换，比如：

（3）大陆游客在台湾期间，很多人都是大手笔来采购各式的特产，这也给台湾各行各业带来了许多的商机。但是近日有台湾媒体报道说，个别台湾商家有漫天要价，并且出售假台湾茶叶的现象。为

此，台湾当局相关部门准备采取措施打击不法商人的这种行为。（《台湾力保大陆游客购物不上当》，《海峡两岸》2010）

例（3）首句谈论大陆游客，第二句并没有就“大陆游客”继续展开，而是转而谈论台湾商家，叙述其漫天要价，出售假冒产品的现象。用“但是”表示话题的切换。

（四）话轮转接

方梅（2000）指出，语义弱化的连词如“但是”“然后”用作话轮的处理是说话人为得到讲话的机会，或者为了保持自己讲话的机会不被他人占据而采取的话语手段，属于服务话轮处理的言语行为功能。本书认同方文的观点，认为“但是”具有话轮转接功能，即说话人打断上一话轮，争取说话机会，开启一个新的话轮。与话题切换的不同在于前者在一个话轮内完成，后者在两个话轮间转换话题，比如：

（4）孟广美：还有他们在教堂里面的那些屋顶，说是米开朗基罗做的。

梁文道：其实都是集体的。

窦文涛：但是，你就说米开朗基罗，那也是骂声载道。米开朗基罗很可怜，……这头又催钱，那头又骂他，……他就完不成。（《文隽炮轰周星驰　大师“德艺双馨”有多难》，《锵锵三人行》，2009）

上例摘自凤凰卫视著名栏目《锵锵三人行》，主持人窦文涛每期邀请两位嘉宾就热门新闻话题进行讨论。例（4）共有三个话轮，孟广美开始第一个，梁文道接过第二个话轮，是对上一话轮的延续。还未待梁文道说完，窦文涛先用“但是”抢过话语权，之后又转移到“米开朗基罗挨骂”这一新的话题。由于说话人说出这些词仅仅在于抢夺话语权、争取说话机会，并没有准备好下面的言谈内容，所以“但是”后面有停顿，留给自己组织话语的时间。

二　“但是”话语标记功能的产生

上文说明了“但是”的反预期标记和话语标记功能，那么这两个功能之间有什么区别和联系呢？

句法上，反预期标记“但是”一般连接词和分句，出现在句中或小句句首，辖域为谓语和小句，常与“虽然”共现；话语标记“但是”多连接句子和段落，位于句首，辖域是整个句子，不能与“虽然”配合使用。语义上，两者都表示程序意义，然而话语标记“但是”的反预期义很弱或基本没有，意义进一步虚化，不能与“虽然”配合构成典型转折复句。比如：

（5）虽然成为明星有一定的偶然性，但是光有机遇没有实力还是不行的。

（6）我们这一轮新的涨价，已经超过了 80 美元，在这样一个情况下，我们这个政策怎么制定，现在大家在等待这个答案。但是，在这个答案现在还没有给出来之前，我觉得可能我们要思考几个问题。

例（5）是反预期标记“但是”，连接两个分句。根据常理“偶然性事件要碰运气”，前句可推导出“成为明星靠运气不靠实力”的预期，“但是”修饰的后句与该预期相反。“但是”本身不影响句子的真值条件，但具有标示前后分句存在反预期关系的程序意义。例（6）是话语标记“但是”，连接两个句子，辖域扩大，然而句子间并不存在反预期关系，即从“大家在等待这个答案”无法推导出“我们不能思考问题”的预期，表现在句法上则不能在前句使用“虽然”。也就是说，尽管“但是”仍然具有程序意义，但较之反预期标记其程序义更为抽象，仅表示话语单位之间在线性顺序上的关联义。

根据以上差别，本书认为“但是”做话语标记是反预期标记再语法化和主观化的结果。Traugott（1989、1995）指出，再语法化和普通词汇的语义引申规律相似，往往朝主观化的方向发展。Traugott 和 König（1991）总结了主观化的三个语义—语用倾向：

（Ⅰ）描述外部情状的意义>描述内部情状（评估/感受/认知）的意义。

（Ⅱ）描述外部或内部情状的意义>描述篇章义。

（Ⅲ）意义越来越依赖说话人对命题内容的主观态度。

“但是”做反预期标记时描述言者对内部情状（句子命题）的反预期意义，做话语标记时描述的是连接话语单位的篇章意义，这一过程中，其意义进一步虚化，越来越依赖说话人的主观态度。“但是”由反预期标记发展出话语标记功能的再语法化过程可以从动因、机制和有利条件三个方面加以说明。

1. “但是”在口语中的高频使用是其语法化的动因。Bybee et al.（1994：19—20）曾强调语法化最重要的一个特征就是重复，促使一个词语语法化进程的必要条件就是它具有足够高的使用频率。在北京大学 CCL 语料库和中国传媒大学有声媒体语言语料库中搜索得到的“但是”用例分别为 105790 次和 164522 次，前者为平衡语料库，约有 3 亿字；后者主要是广播、电视节目的转写文本，口语性较强，约 2 亿字规模。从每万字出现频率看，“但是”出现在口语性更强的媒体语言语料库中远高于 CCL 语料库（约为 8.2/万字：3.5/万字）。另一方面，与“但是”意义相近，同为反预期标记的“却”在媒体语言语料库中仅出现 47510 次，远远少于“但是”。据我们所知，“却”没有发展出话语标记功能。

2. 隐喻和泛化是“但是”进一步语法化的主要机制。隐喻是用一个具体概念来理解一个抽象概念的认知方式，即从一个认知域到另一个认知域的投射（沈家煊，1998）。“但是”做话语标记时的话题切换、话题找回和话轮转接功能其实是反预期义从命题关系到话语单位、言语行为关系的隐喻投射，具体表现为同一话轮内，预期接续上一个话题，实际则切换或找回到另一个话题（话题切换、话题找回），或两个话轮间，预期是上一个说话人继续话轮，实际却由另一个说话人抢过话轮。这种隐喻引申造成“但是”的反预期语义弱化，话语组织功能和言语行为功能增强。随着“但是”的高频使用，其反预期义进一步消失，自身适用范围进一步扩大，纯粹形式上的连接义增强，从而又发展出话题顺接功能，表现为语义泛化、抽象化程度加深。

3. 句法位置是“但是”进一步语法化的有利条件。做反预期标记的“但是”经常位于小句句首，跟在其他小句之后。当前面的小句变成句子时，正好就标志句与句之间的关系，与其他位置相比更容易发展为话语标记。

语法化是个连续的渐变过程，一个词由 A 义转变为 B 义，一般总是可以找出一个中间阶段既有 A 义又有 B 义（沈家煊，1994）。“但是”也不是从反预期标记顿时变为话语标记的，中间存在许多过渡阶段。如下面几个例句就很难分清“但是”到底是反预期标记还是话语标记：

(7) 这时最重要的，是如何充分地发挥知识分子在各条战线各个领域中的作用。但是在中国共产党内，却还存在不尊重知识分子的“左”的宗派主义倾向。

(8) 政治部负责军校的政治思想教育工作，政治部主任是党代表的参谋长，是相当重要的。但是初期的政治部工作闲淡，形同虚设。

“但是”成为话语标记后，其话题切换、话题找回、话题顺接、话轮转接各功能间还存在语法化程度的高低。一般来说，判断一个成分语法化程度高低主要依据其历时上形成的先后，按单向性原则，语法化总是由实变虚，由虚变得更虚。但在缺乏历时证据的情形下，根据一个词在共时平面的各种具体用法也能判定虚化的程度。目前已有不少研究者从不同角度建立起一些语法化程度的等级。

Traugott 将韩礼德区分的语言三大元功能按语法化程度由低到高排列为：概念功能 > 语篇功能 > 人际功能（转引自沈家煊，1994）。作为话语标记，“但是”不影响句子的真值条件意义，没有概念功能，主要体现语篇和人际功能。语篇功能指的是语言使本身前后连贯，并与语域发生联系的功能。主要涉及主位结构、信息结构和衔接系统。人际功能就是指语言能够表达人际意义，即人与人之间的交流性、对话性和互动性，是指发话人作为言语事件的参与者所表现出来的交际意图、个人观点、态度、评价以及发话人所展现的与受话人之间的角色关系。（Halliday，1973；庞继贤、陈明瑶，2006；袁晓红、戴卫平，2008）

就“但是”的四项话语标记功能而言，话题切换、话题找回和话题顺接属于语篇功能，话轮转接属于人际功能，那么话轮转接的语法化程度就高于前三项。与话题切换和找回相比，“但是”表话题顺接功能时，前后句子基本没有反预期关系，语义进一步泛化、抽象程度更深。据此，“但是”从反预期标记到话语标记的演变关系及机制如图 7－1 所示：

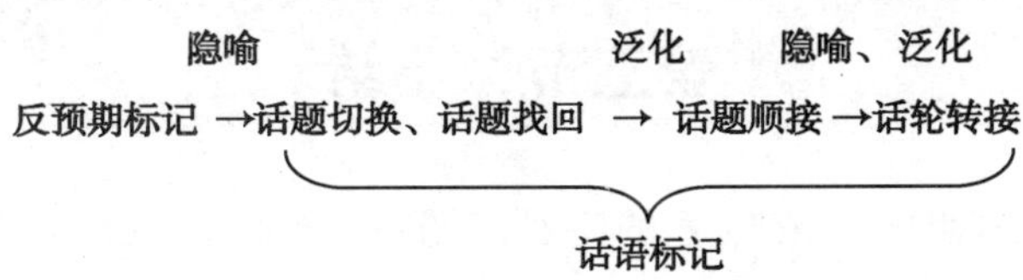

图 7－1 “但是”从反预期标记到话语标记的演变关系

以下例句可以大致说明这一演变路径：

(9) 他很年轻，但是思想和老人一样保守。

(10) 人民解放战争正在进行，解放区的经济很困难，要拿出外汇实非易事。但是周恩来批准了。

(11) 大陆游客在台湾期间，很多人都是大手笔来采购各式的特产，这也给台湾各行各业带来了许多的商机。但是近日有台湾媒体报道说，个别台湾商家有漫天要价，并且出售假台湾茶叶的现象。

(12) 主持人：像这种加入或搀杂进了一些技术因素，比如说它有技术要求了，可能外人就看不大清楚了。但是刚才您也提到了一个现象，就是很多对普通人来说，一眼就能看出来，政府定价的东西，反而比市场买的普通商品价格要高。这种情况怎么杜绝呢？

(13) 日本的企业在雄厚的经济实力的助推之下，开始了历时几十年的“走出去”之路。但是，这条路是否一帆风顺？它经历了怎样的坎坷和荆棘？他们的得失，我们可以从中借鉴到什么？今天我们将就此展开评论。

(14) 叶海林：对，包括中国，……在黄海曾经有过中美军机对峙，就是因为他在试图去获取中国潜艇的信号信息，……只是没有打响最后一枪而已。

主持人：但是您刚才前后给我透露两种信息，一个……潜艇是最大的威胁，但同时……似乎消灭潜艇也很容易？

例 (9) 是反预期标记“但是”，例 (10) 处于反预期标记到话语标记的过渡阶段，前后句子还存在反预期关系。例 (11) — (14) 是话语标记“但是”，分别表示话题切换、话题找回、话题顺接和话轮转接功能。

第五节　小结

转折类反预期标记最显著的特征是联系前后两个具有转折关系的分句，是构成转折复句的关联词。转折类反预期标记在韵律音质上独立，可以通过重音、停顿从上下文语境中分辨出来，形成独立的语调单位，语义上具有程序性，不影响所在句子的真值条件。在话语中主要起语用制约和促进语篇连贯的作用。转折类反预期标记的主要成员包括转折连词如“然而”“但是”“可是”“不过”等，转折副词“却”“其实”，转折关联词语“实际上”“宁可……也”“即使……也”“无论……都”等。一部分转折类反预期标记如“但是”“可是”“然而”“不过”等同时也是话语标记。

“但是”是公认的话语标记，本书认为它也是反预期标记，具有反预期表达功能。根据预期出现与否可将“但是”转折句表达的反预期类型分为与显性预期相反和与隐性预期相反两类，前者预期在句中出现，是前一分句的命题内容，后句与该命题直接相反，属于反说话人或听话人预期；后者预期未在句中出现，是前一分句的隐含义，后句与该隐含义相反，属于反社会共享预期。

作为话语标记，“但是”具有话题切换、话题找回、话题顺接和话轮转接功能。“但是”的这两个标记功能具备不同的句法语义特点。句法上，反预期标记“但是”一般连接词和分句，出现在句中或小句句首，辖域为谓语和小句，常与“虽然”共现；话语标记“但是”多连接句子和段落，位于句首，辖域是整个句子，不能与“虽然”配合使用。语义上，两者都表示程序意义，然而话语标记“但是”的反预期义很弱或基本没有，意义进一步虚化，不能与“虽然”配合构成典型转折复句。据此，本书认为“但是”做话语标记是反预期标记进一步语法化的结果，这可以从动因、机制和有利条件三个方面加以说明。

根据对否定类和转折类反预期标记的分析，两类反预期标记与话语标记有相当数量的重合，话语标记也是从语用功能上分出来的一类语言形式，在性质和功能上与反预期标记有一定相似性。通过对“但是”的分析，本书初步认为话语标记是反预期标记继续语法化的结果，有关两者更详细的比较详见第八章的讨论。

第八章

总　　结

第一节　讨论

一　反预期标记的次类及联系

分类的本质是一个范畴化过程。对范畴和范畴化的认识经历了经典范畴理论到现代范畴理论的发展。经典范畴理论可追溯至亚里士多德，其主要理论观点可总结为：①范畴是通过一组充分必要条件来定义的。相矛盾的事物肯定不会属于同一范畴，如果不属于这个范畴，就一定属于另一范畴，不存在中间状态。②不同范畴之间存在明确的边界。③同一范畴成员之间地位平等，没有等级、优劣之分。

与此相反，现代范畴理论（即原型范畴理论）认为，一个范畴不是由其成员共同具备的充分、必要条件界定的，而是由集合了范畴成员最多特征的原型和与原型有着不同程度相似性的其他成员以及模糊不清的边界组成。原型是范畴的典型成员，比其他范畴成员享有更多的属性。因此，它是范畴的核心成员，其他成员依据与原型成员相似性的多少分别位于范畴的不同位置，构成范畴的边缘成员。从最典型的成员到最边缘的成员其所具有的家族相似性是递减的。因此，它们在范畴内的地位也是不相等的。某一范畴与另一范畴虽然存在边界，但这一边界是模糊的，某一认识对象可能完全成为一个范畴的成员，而另一认识对象可能部分划在该范畴内，两个范畴的成员可能有共性存在（郑银芳，2007）。

本书第4—7章分别论述了反预期标记四个次类的总体特征和表现形式，这四类的地位和特征并不相同，四类反预期标记的性质和功能如表8－1所示：

表 8-1 反预期标记次类的性质与功能

反预期标记类别	非重读性	主观性	概念义较弱	可删除性	信息提示	语用制约	语篇连贯
语气类	+	+	+	+	+	+	+
疑问类	-	+	-	-	+	+	-
否定类	-	+	-	+	+	+	+
转折类	+	+	+	+	+	+	+

由表 8-1 可知，语气类和转折类享有的反预期标记特征最多，否定类次之，疑问类最少，它们的地位并不平等。本书认为，反预期标记是一个基于家族相似性的原型范畴，范畴内各成员的地位是不平等的，无法用一组共同的特征来描述，享有最多特征的次类和成员是该范畴的原型或典型，没有那么多特征的是非典型或边缘成员，反预期标记是以原型为中心，以家族相似性为纽带逐步向外扩展的连续体。语气类和转折类反预期标记享有最多的特征，是反预期标记的原型成员；否定类反预期标记次之，是非典型成员；疑问类反预期标记享有的特征最少，是边缘成员。从每类的数量来说，典型成员语气类和转折类反预期标记的数量最多；否定类次之；疑问类最少，与它们在范畴中的地位相当。

不仅次类之间有典型与非典型之分，同一类反预期标记的不同成员之间也存在地位的不平等，如在疑问类中，“怎么”就比其他成员多一项非重读性的语音特征，因而更具典型性。

二 反预期标记与话语标记的异同

否定类反预期标记和一部分转折类反预期标记如“其实、实际上、事实上、但（是）、可（是）、不过、然而”在其他研究中也被视作话语标记。两者成员有交叉性和重合性，许多研究者也径直称之为反预期话语标记（曹秀玲、辛慧，2012；刘焱、黄丹丹，2015）那么话语标记与反预期标记究竟是什么关系，反预期标记是否就是话语标记的一个子类呢？

1. 什么是话语标记

根据董秀芳（2007），话语标记是指序列上划分言语单位的依附成分。话语标记并不对命题的真值意义发生影响，基本不具有概念语义，它作为话语单位之间的连接成分，指示前后话语之间的关系，也就是说，它标志说话人对于话语单位之间的序列关系的观点，或者阐明话语单位与交际情境之间的连贯关系。话语标记也可以表明说话人对所说的话的立场和态度，或者对听话人在话语情景中的角色的立场或态度。（Schiffrin，1987；Fraser，1999；Traugott & Dasher，2002）

Brinton（1996：33—35）在前人基础上曾总结了话语标记的多项特征，包括语音、句法、语义、功能等多个角度，现按照语言描写的不同层面重新整理如下：

语音和词汇特征：

它们较短、语音缩减。

它们形成一个独立的调群。

它们是边缘形式，来源多样，因此难以把它们归入某个传统的词类。

语法特征：

它们经常位于句首。

它们独立于句法结构，与句子结合不紧密，因而没有清晰的语法功能。

它们是可选择的，而不是必需的。

语义特征：

它们的命题意义很少或根本没有，至少很难从词汇上详细说明。

功能特征：

它们是多功能的，同时在语言的不同层面（语义、句法、语用等）上操作。

社会学和风格特征：

它们是口语特征而不是书面语特征，它们是非正式的。

它们在口语中出现频率高。

在风格上它们被贬低且蒙受负面评价，常被视为言者不流利和粗心的象征。

性别特征明显，更常出现于女性话语中。

我国学者殷树林（2012：61）把上述特征简化为五条：

①在语音上，话语标记形成独立的语调单位，与其他语言单位之间可以有停顿。

②在句法上，话语标记具有独立性，主要出现于句首。

③在语义上，话语标记编码程序信息，除证据标记外，不会增加所在语句表达的命题的内容，也不影响其真值条件。

④在语用上，话语标记是自返性的，对言语交际进行调节和监控。

⑤在风格上，话语标记多用于口语。

2. 反预期标记与话语标记的区别和联系

本书第三章曾总结了反预期标记特征，为更好地观察两者的区别，现将两类标记的特征进行对照，如表 8 - 2 所示：

表 8 - 2　　反预期标记与话语标记特征比较

类别 特征	反预期标记	话语标记
语音	一般不重读	独立的语调单位，有停顿
句法	来源多样，以副词和连词为主，出现于句首、句中、句尾	来源多样，具有独立性，主要位于句首
语义	概念意义很少或基本没有，不影响所在句子的真值条件，但具有程序意义	话语标记编码程序信息，除证据标记外，不会增加所在语句表达的命题的内容，也不影响其真值条件
语用	表达反预期态度	表现当前话语与前一话语之间的某种联系，多用于口语

对照两类标记特征可发现，就“具有程序性意义，为话语理解提供方向，以引导听话者对前后关系的识别和说话者意图的准确理解”这一语义特征而言，反预期标记和话语标记是一致的。在语音、句法、语用方面，两者又有一定区别，总体来看，从反预期标记到话语标记大致具有形式上渐趋独立（语音和句法越来越具有独立性，与相邻语法单位的关系渐趋松散），意义上渐趋抽象（表现前后话语之间的某种联系是表达反预期的进一步抽象化），使用上渐趋高频（话语标记多用于口语）的特点。

从反预期标记的内部类别来看，语气类和疑问类反预期标记与话语标记的差别较大，其成员均不是话语标记。否定类反预期标记的全部成员同时也是话语标记，转折类反预期标记介于两者之间，有些成员如“其实、实际上、但是”等具有话语标记特征，有些成员如副词“却”不具备。本书认为可以把反预期标记到话语标记视作一个连续统，语气类和疑问类反预期标记在一端，否定类反预期标记在另一端，转折类反预期标记居于两者中间，如图 8 - 1 所示。

语气类和疑问类反预期标记与话语标记差别较大，下面以“并”为例加以说明。语音上，“并”不像“但是”“其实”等有自己独立的语调单位，可以停顿。试比较：

反预期标记……………………………话语标记

语气类、疑问类　　　转折类　　　否定类

（反预期标记）

图 8－1　反预期标记和话语标记连续统

(1) 我刚开始打球时，没人预料到我能打入 NBA。我自己连想都没想过。但是，看看我现在。

(2) 其实，我喜欢你很久了。

(3)? 其实，我并_ 不喜欢你。

"但是"和"其实"形成一个独立的调群，在口语中可以稍作停顿，与后面的成分隔开，表现在书面语上可以用逗号隔开，如例（1）、例（2）。但是"并"后面不能有停顿，它总是与"不"紧密地连接在一起（无论是语音还是句法上）。这也导致"并"在句法上没有独立性，不能出现在句首位置，如"并我不喜欢你"就是一个语法不合格的句子。在语义和语用特征上，"并"符合话语标记的特征。在语义上，要使"我并不喜欢你"为真，只要"我不喜欢你"为真即可，"并"不影响所在语句命题的真值条件。语用上，"并"表达的是反预期意义，因而能引导听话人对受话人意图的理解，从而对言语交际进行调节和监控。因此"并"只是部分符合话语标记的特征，不能算作话语标记。与"并"类似的还有"还、反而、反倒、居然、竟然、偏偏、甚至、也"等等。

综上，反预期标记与话语标记是两个不完全相同的概念，一方面，两者的成员有交集，在语义和语用上有类似的特征，但句法和语音的表现并不完全相同。反预期标记不能算作话语标记的一个子类。另一方面，两者又确有联系，从原型范畴理论来看，反预期标记和话语标记分属不同的范畴，两者虽然存在边界，但这一边界是模糊的，反预期标记的某类成员可能完全成为话语标记的成员，而另一类成员可能部分划在话语标记内，两个范畴的成员有共性存在。

第二节　本书主要结论及创新点

本书在前人研究成果基础上，探讨了现代汉语反预期标记的性质、特点、分类、功能，重点考察了每类反预期标记中的一个成员，主要结论包括：

1. 明确反预期为一种语法范畴，分析了预期与反预期信息的性质、产生机制及表现手段。本书认为预期是交际主体对话语信息的先期认识，包括预知和预测，可能与实际相符或相反。预期有三个来源：个体已知信息、社会共享信息及推理而得的预测，构成个体认知语境的一部分，是人们在理解或产生话语信息时从大脑中调取的众多定识之一。

不符合预期的信息都称为反预期信息。反预期是一种“矛盾并取代”的语境效果，即新信息提供与旧信息相反的证据，并且前者的确信度高于后者，从而导致旧信息的弃置。反预期的形成机制与预期的来源密切相关，也可分为三类：①与已知信息直接相反；②与特定语用量级相反；③与合情推理相反。自然语言表达反预期语法范畴的形式有很多，包括语音、词汇和语法三种手段。

2. 分析、探讨了现代汉语反预期标记的性质、特征、分类及功能等问题。本书认为反预期标记是反预期范畴在自然语言中相对应的语法形式，具有如下特征：

（Ⅰ）语音上，反预期标记一般不重读。

（Ⅱ）语义上，反预期标记的概念意义很少或基本没有，不影响所在句子的真值条件，但具有程序性和主观性。

（Ⅲ）句法上，反预期标记形式多样，有词、短语和结构式，但以副词和连词为主，可出现于句首、句中和句尾，形成过程受到词汇化和语法化的作用。

（Ⅳ）语用上，反预期标记用以标示话语中某一信息与言者或听者的预期相反。

结合结构与功能标准，本书将现代汉语反预期标记分为语气类、转折类、否定类和疑问类四类。借鉴关联理论，分析了反预期标记的信息提示、语用制约和促进语篇连贯这三类功能：信息提示功能是指反预期标记能够触发隐含义和凸显焦点信息；语用制约功能体现为对话语生成和理解的引导与制约作用，反预期标记能使说话人和听话人都能尽可能省力地得到最大语境效果，是话语理解的线索；促进语篇连贯表现为反预期标记前句激活的认知语境与后句带来的认知语境对立，这些对立的语境通过反预期标记平稳流畅地连接起来，降低了认知处理的难度。

3. 简要论述了每类反预期标记的性质、功能，每类选取一个反预期标记作了重点分析。研究发现，反预期标记构成一个原型范畴，不同次类享有的性质和功能并不相同，因此在范畴中的地位也不平等，语气类和转折类享有最多的特征，成员数量最多，是反预期标记的典型成员；否定类反预期标记享有的性质和功能次之，是非典型成员；疑问类反预期标记享有的性质和功能最少，是边缘成员，反预期标记是以转折类和语气类成员为中心，以家族相似性为纽带逐步向外扩展的连续体。

结合第2—3章建立的理论框架，在第4—7章重点考察了语气类反预期标记“偏偏”、疑问类反预期标记“怎么”、否定类反预期标记“哪知道”和转折类反预期标记“但是”。“偏偏”符合反预期标记的所有特征，可以表达各种类型的反预期信息，以反说话人和社会共享预期为主，表达说话人惊讶、不满或遗憾的主观情态。“偏偏”表达与听话人预期不符的信息时表示说话人决心要进行某种动作的强烈意志。除反预期表达外，“偏偏”还具有焦点凸显、语用制约和促进语篇连贯的功能。

“怎么”作为反预期标记时需要满足一定的句法条件，可表达的反预期信息类型有限，在疑问句中表示事实、事件与说话人预期相反，在反问句中表示认识、观点与说话人预期相反。“怎么”能够触发句子的隐含义，对“怎么”反预期问句既可回答句子显义，也可回答句子隐含义，故有两套应答系统。根据反预期信息类型和语境的不同，“怎么”可表达言者惊讶、不满、反驳、斥责、批评等不同的情感态度。

“哪知道”做反预期标记时典型句法格式为：“（以为）A，（。）哪知道B。”A或是个显性预期或可以据此推出一个隐性预期，B表示与预期相反的实情。本书通过考察“哪知道”的历时演变和共时层面的不同用法，说明了词汇化在反预期标记形成中的作用。“哪知道”由最初的“那+VP”句法结构经过重新分析（由“那｜VP+宾语”→“那VP｜+宾语”），词汇化为类似独立词的反预期标记，其间经历了语音弱化、形态边界重新分析以及辖域扩大的过程。在这一过程中，“哪知道”失去语义的组构性，理据性逐渐减弱，其意义不能完全从组成成分“哪”和“知道”推导出来。

转折连词“但是”既是话语标记也是反预期标记，“但是”转折句表达的反预期类型分为与显性预期相反和与隐性预期相反两类，前者预期在句中出现，是前一分句的命题内容，后句与该命题直接相反；后者预期未在句中出现，是前一分句的隐含义，后句与该隐含义相反。“但是”做话语标记时与反预期标记具有不同的句法语义特点，本书认为“但是”作话语标记是反预期标记进一步语法化的结果，这其中，“但是”在口语中的高频使用是其语法化的动因，隐喻和泛化是主要机制，句法位置是有利条件。

本书的创新点主要表现在以下几个方面：

1. 对反预期标记采取了新的研究视角。以往关于反预期标记的研究多从形式出发，探讨某形式具有的反预期表达功能，论文多以“×××的反预期语用功能”或“反预期标记×××的功能”为名，这是从形式到意义的研究视角。本书的做法是把反预期视作一种语法范畴，从反预期意义出发，寻找对应的反预期标记，是从意义到形式的研究。正是研究视角的转变才促使本书将现有的反预期标记视作一类，思考它们作为整体的性质、功能以及相互间的差异。

2. 深入探讨了预期与反预期信息的性质和产生机制。以往对反预期标记的研究很少涉及预期和反预期的定义及来源，而这恰恰是反预期标记理论的基础问题。本书用一章的篇幅详细分析了预期和反预期信息的来源、形成机制和表现手段，加深了对这两者的认识。

3. 系统考察了反预期标记的性质、特征和功能，首次提出现代汉语反预期标记的分类方法。本书对反预期标记下了新的定义，考察了其在语音、句法、语义、语用等语言描写各个层面的特征，探讨了其在话语中的功能，并对反预期标记与话语标记作了比较。结合结构和功能标准，通过连续划分的方法，本书将汉语反预期标记分为语气、疑问、否定和转折四类，并简要介绍了每类的主要成员。

4. 对反预期标记引入了新的理论进行研究。本书的理论基础是主观性理论和关联理论，前者在前人反预期标记的研究中使用较多，突出其“反预期”主观性。而后者应用于反预期标记的研究还较为少见。本书运用关联理论分析了反预期标记的信息提示、语用制约和促进语篇连贯功能，一方面拓宽了反预期标记的分析模式，一方面也用汉语事实检验了关联理论。

5. 从宏观和微观两个层面对四类反预期标记作了分析。文章第4—7章先从宏观上分析、比较了每类反预期标记具有的性质和功能。在微观层面，本书对“偏偏”“怎么”“哪知道”和“但是”四个不同类的反预期标记进行了个案研究，有助于深化对汉语反预期标记的系统性和个体差异性的认识。

第三节　本书不足和进一步研究空间

限于本人水平和精力，本书还存在若干不足之处，有待今后进一步加强：

1. 研究视野不够开阔。反预期标记研究始于英语学界，作为一个语义范畴存在于人类许多语言之中。本书仅以汉语为研究对象，未涉及任何其他语言，显得比较薄弱。提出的关于反预期标记的分类也仅仅基于汉语事实，是否具有语言普遍性还有待验证。

2. 本书反预期标记理论部分与后面具体分析的结合不是非常紧密，分析时对理论的选择主要集中于反预期信息的表达类型和形成机制，以及主观性和语法化、词汇化方面。限于精力和篇幅，对反预期标记的焦点凸显、语用制约和促进语篇连贯功能的分析没有贯穿始终，有些分析显得有些随意。

3. 对反预期标记每个次类的讨论还不够细致，对次类性质和功能的归纳只是基于若干个成员的特征，可能不够准确。以原型范畴和边缘范畴解释各次类之间的关系还比较粗疏，有待进一步完善和加强。

反预期标记是反预期语法范畴在自然语言中相应的语法形式，与话语标记一样是独特的语用类，值得深入研究。由于篇幅和精力的关系，还有许多内容未能展开，具体而言，有如下几个方面：

1. 反预期标记的分类问题值得进一步探讨。本书将反预期标记分为语气类、疑问类、转折类和否定类，然而疑问也是语气的一种，现在把它作为与语气并列的一类是否合适？否定类反预期标记连接的前后两个小句之间也存在转折关系，是否应该和转折类合并？除现有成员外，每类下面还能不能找到新的成员？或者说，还有没有新的次类？本书的分类是基于汉语作出的，那么对其他语言的反预期标记是否适用？

2. 反预期标记的特征到底是什么？本书第三章总结了反预期标记在语音、句法、语义和语用四个方面的特点，希望为以后判断某个语法形式是否为反预期标记提供参考依据。然而在后面章节的分析中，发现有些反预期标记并不具有本书归纳的所有特征，本书用范畴的典型和边缘成员作了解释，但另一个问题随之而来，即当面对一个新的语法形式时，本书提出的语音、句法和语义特征似乎不能成为判断其是否为反预期标记的依据，因为有可能它是边缘成员，不具备某些特征，最后还是得以其语用上的特征（标示话语中某一信息与言者或听者的预期相反）来判断。如何处理这种矛盾，有没有更好的解决方法？

3. 反预期标记的跨语言比较。作为一个语法范畴，反预期标记在其他语言中也存在，不同语言如何表达反预期范畴，哪些反预期标记是不同的语言都具有的，哪些仅是某个语言所特有的？比如在汉语和英语中，都存在转折连词做反预期标记的情况，如“但是”和“but”；但语气副词做反预期标记则是汉语特有的，英语里并没有所谓的语气副词，“居然”“偏偏”“还”这些词都很难翻译成对应的英语单词。同时，相同部分又有什么不同之处，比如“但是”和“but”在用法上有何区别？不同的部分又为何而不同，其反预期标记的形成和演变有什么共性及个性？

4. 反预期标记的二语习得和教学研究。现代汉语反预期标记大部分是虚词，历来为学习和教学的难点。二语学习者在习得汉语反预期标记时有怎样的顺序和特点？教学时有什么有效的模式和方法？这些都可以作为进一步研究的对象。

总之，反预期标记是一个新的研究领域，有很多内容有待展开，希望今后有更多的研究者加入进来，丰富和完善反预期标记理论。

参考文献

[丹] 奥托·叶斯柏森：《语法哲学》，何勇等译，商务印书馆 2009 年版。

北大中文系 1955 级、1957 级语言班：《现代汉语虚词例释》，商务印书馆 1996 年版。

曹秀玲、辛慧：《话语标记的多源性与非排他性》，《语言科学》2012 年第 3 期。

蔡维天：《重温"为什么问怎么样，怎么样问为什么"》，《中国语文》2007 年第 3 期。

陈波：《逻辑学十五讲》，北京大学出版社 2008 年版。

陈鸿瑶：《现代汉语副词"也"的功能与认知研究》，博士学位论文，东北师范大学，2010 年。

陈月明：《比较性转折句》，《汉语学习》1995 年第 1 期。

陈振宇、邱明波：《反预期语境中的修辞性推测意义》，《当代修辞学》2010 年第 4 期。

陈丽：《汉语转折范畴的历时研究》，博士学位论文，湖南师范大学，2012 年。

储诚志：《语气词语气意义的分析问题——以"啊"为例》，《语言教学与研究》1994 年第 4 期。

Baker，W.、陈平：《从"信息结构"的观点来看语言》，《当代语言学》1985 年第 2 期。

董秀芳：《词汇化：汉语双音词的衍生和发展》，四川民族出版社 2002 年版。

董秀芳：《词汇化与话语标记的形成》，《世界汉语教学》2007 年第 1 期。

董秀芳：《汉语的句法演变与词汇化》，《中国语文》2009 年第 5 期。

丁志丛：《汉语有标转折复句的关联标记模式及使用情况考察》，博士学位论文，湖南师范大学，2008 年。

丁雪妮：《意外义语气副词“幸亏”、“偏偏”、“竟然”比较研究》，硕士学位论文，山东师范大学，2005 年。

丁声树等：《现代汉语语法讲话》，商务印书馆 1999 年版。

段业辉：《语气副词的分布及语用功能》，《汉语学习》1995 年第 4 期。

戴耀晶：《汉语疑问句的预设及其语义分析》，《广播电视大学学报》（哲学社会科学版）2001 年第 2 期。

邓思颖：《问原因的“怎么”》，《语言教学与研究》2011 年第 2 期。

方梅：《汉语对比焦点的句法表现手段》，《中国语文》1995 年第 4 期。

方梅：《自然口语中弱化连词的话语标记功能》，《中国语文》2000 年第 5 期。

方经民：《有关汉语句子信息结构分析的一些问题》，《语文研究》1994 年第 2 期。

冯光武：《汉语语用标记语的语义、语用分析》，《现代外语》2004 年第 1 期。

冯光武：《语言的主观性及其相关研究》，《山东外语教学》2006 年第 5 期。

范开泰、张亚军：《现代汉语语法分析》，华东师范大学出版社 2000 年版。

范伟：《“偏”和“偏偏”的情态类型及主观性差异》，《南京师范大学学报》2009 年第 5 期。

范晓、胡裕树：《有关语法研究三个平面的几个问题》，《中国语文》1992 年第 4 期。

管志斌：《表责备的反预期构式“早不 VP，晚不 VP”》，《理论界》2011 年第 7 期。

郭志良：《现代汉语转折词语研究》，北京语言文化大学出版社 1999 年版。

郭继懋：《反问句的语义语用特点》，《中国语文》1997 年第 2 期。

郭燕妮：《汉语转折复句研究综述》，《长江大学学报》（社会科学版）2008 年第 2 期。

高名凯：《语法理论》，商务印书馆 1960 年版。

高名凯：《汉语语法论》，商务印书馆 1986 年版。

甘于恩：《试论现代汉语的肯定式与否定式》，《暨南学报》1985 年第 3 期。

胡德明：《话语标记“谁知”的共时与历时考察》，《语言教学与研究》2011 年第 3 期。

胡明扬：《语法形式和语法意义》，《中国语文》1958 年第 3 期。

胡明扬：《北京话的语气助词和叹词》，《中国语文》1981 年第 5 期。

胡明扬：《语义语法范畴》，《汉语学习》1994 年第 1 期。

胡培安、王岩：《转折句的逻辑语义关系》，《黄河科技大学学报》2000 年第 3 期。

胡清国：《否定形式的格式制约》，华中师范大学出版社 2010 年版。

何自然：《认知语用学——言语交际的认知研究》，上海外语教育出版社 2006 年版。

何自然、冉永平：《新编语用学概论》，北京大学出版社 2009 年版。

黄大网：《话语标记研究综述》，《福建外语》2001 年第 1 期。

贺阳：《试论汉语书面语的语气系统》，《中国人民大学学报》1992 年第 5 期。

侯学超：《现代汉语虚词例释》，北京大学出版社 1998 年版。

季承：《汉语反预期标记词习得情况考察》，硕士学位论文，复旦大学，2011 年。

季安锋：《汉语预设触发语研究》，博士学位论文，南开大学，2009 年。

金兆梓：《国文法之研究》，商务印书馆 1983 年版。

金智妍：《现代汉语句末语气词意义研究》，博士学位论文，复旦大学，2011 年。

[英] 克里斯特尔：《现代语言学词典》，沈家煊译，商务印书馆 2000 年版。

李晓琪：《现代汉语虚词讲义》，北京大学出版社 2005 年版。

李凰：《再“X 也 Y”的构式分析》，《 暨南大学华文学院学报》2009

年第 4 期。

李善熙：《汉语“主观量”的表达研究》，博士学位论文，中国社会科学院，2003 年。

李会荣：《“宁可”构式的逻辑归属及语义机制》，《嘉兴学院学报》2011 年第 23 期。

李健雪：《论作为语法化反例的词汇化》，《广西师范大学学报》（哲学社会科学版）2005 年第 1 期。

李宗江：《表达负面评价的语用标记“问题是”》，《中国语文》2008 年第 5 期。

李军、王永娜：《也谈转折复句的内部分类》，《暨南大学华文学院学报》2004 年第 2 期。

黎锦熙：《新著国语文法》，商务印书馆 2001 年版。

刘丹青：《作为典型构式句的非典型“连”字句》，《语言教学与研究》2005 年第 4 期。

刘丹青、徐烈炯：《焦点与背景，话题及汉语“连”字句》，《中国语文》1998 年第 4 期。

刘焱：《反预期信息标记“别看”》，《汉语学习》2009 年第 4 期。

刘焱、黄丹丹：《反预期话语标记“怎么”》，《语言科学》2015 年第 2 期。

刘丽艳：《口语交际中的话语标记》，博士学位论文，浙江大学，2005 年。

刘月华：《“怎么”与“为什么”》，《语言教学与研究》1985 年第 4 期。

刘月华等：《实用现代汉语语法》，商务印书馆 2001 年版。

刘红妮：《词汇化与语法化》，《当代语言学》2010 年第 1 期。

刘永红：《转折复句语义重心的逻辑语义分析》，《暨南大学华文学院学报》2003 年第 1 期。

刘云、李晋霞：《论“但（是）”与“却”的兼容与差异》，《华中师范大学学报》（人文社会科学版）2013 年第 3 期。

吕叔湘：《中国文法要略》，商务印书馆 1982 年版。

吕叔湘：《现代汉语八百词》（增订本），商务印书馆 2007 年版。

廖秋忠：《廖秋忠文集》，北京语言学院出版社 1992 年版。

陆俭明、马真：《现代汉语虚词散论》，语文出版社 1999 年版。

马建忠：《马氏文通》，商务印书馆 1998 年版。

马真：《说“反而”》，《中国语文》1983 年第 3 期。

马真：《表加强否定语气的副词“并”和“又”》，《世界汉语教学》2001 年第 3 期。

马庆株：《汉语动词和动词性结构》，北京语言学院出版社 1992 年版。

马国彦：《话语标记与口头禅——以“然后”和“但是”为例》，《语言教学与研究》2010 年第 4 期。

梅里亚姆－韦伯斯特公司：《韦氏高阶英语词典》，中国大百科全书出版社 2010 年版。

孟繁杰：《“不料”的句法、语义、语用分析》，《海外华文教育》2003 年第 2 期。

彭利贞：《无关联词转折复句的形式标记》，《杭州大学学报》（哲学社会科学版）1997 年第 4 期。

彭利贞：《现代汉语情态研究》，博士学位论文，复旦大学，2005 年。

庞继贤、陈明瑶：《电视访谈中介入标记语的人际功能》，《浙江大学学报》（人文社会科学版）2006 年第 6 期。

戚雨村等：《语言学百科词典》，上海辞书出版社 1993 年版。

齐春红：《现代汉语语气副词研究》，博士学位论文，华中师范大学，2006 年。

齐沪扬：《论现代汉语语气系统的建立》，《汉语学习》2002 年第 2 期。

齐沪扬：《语气副词的语用功能分析》，《语言教学与研究》2003 年第 1 期。

齐沪扬、胡建锋：《试论负预期量信息标记格式“X 是 X”》，《世界汉语教学》2006 年第 2 期。

齐沪扬、胡建锋：《试论“不是……吗”反问句的疑问用法》，《上海师范大学学报》（哲学社会科学版）2010 年第 3 期。

祁峰：《现代汉语焦点研究》，博士学位论文，复旦大学，2012 年。

屈承熹：《汉语篇章语法》，北京语言大学出版社 2006 年版。

彭可君：《说“怎么”》，《语言教学与研究》1993 年第 1 期。

冉永平：《话语标记语的语用学研究综述》，《外语研究》2000 年第 4 期。

冉永平、何自然：《语用与认知——关联理论研究》，外语教学与研究出版社 2001 年版。

沈家煊：《“语用否定”考察》，《中国语文》1993 年第 5 期。

沈家煊：《“语法化”研究综观》，《外语教学与研究》1994 年第 4 期。

沈家煊：《实词虚化的机制——〈演化而来的语法〉评介》，《当代语言学》1998 年第 3 期。

沈家煊：《不对称和标记论》，江西教育出版社 1999 年版。

沈家煊：《语言的“主观性”和“主观化”》，《外语教学与研究》2001 年第 4 期。

孙洪威：《反预期标记“别说”》，《社科纵横》2013 年第 28 期。

孙楠：《现代汉语转折副词的反预期标记功能研究》，硕士学位论文，南京师范大学，2012 年。

孙玉：《试论衔接与连贯的来源、本质及其关系》，《外国语》1997 年第 1 期。

邵敬敏：《现代汉语疑问句研究》，华东师范大学出版社 1996 年版。

邵敬敏、赵春利：《关于语义范畴的理论思考》，《世界汉语教学》2006 年第 1 期。

［法］斯珀波、［英］威尔逊：《关联：交际与认知》，中国社会科学出版社 2008 年版。

唐敏：《副词“还”的“反预期”语用功能及“反预期”的义源追溯》，《江苏大学学报》（社会科学版）2009 年第 4 期。

［日］太田辰夫：《中国语历史文法》，北京大学出版社 2003 年版。

王明华：《用在否定词前面的“并”与转折》，《世界汉语教学》2001 年第 3 期。

王灿龙：《词汇化二例——兼谈词汇化和语法化的关系》，《当代语言学》2005 年第 3 期。

王海传等：《普通逻辑学》，科学出版社 2011 年版。

王力：《中国现代语法》，商务印书馆 1985 年版。

王力：《汉语史稿》，中华书局 2004 年版。

王华：《“倒”与“却”的语法化轨迹及其差异》，硕士学位论文，南开大学，2005 年。

王瑞烽：《预设差异副词所关联的预设及其教学》，《语言文字应用》2006 年第 1 期。

王全智：《也谈衔接、连贯与关联》，《外语学刊》2002 年第 2 期。

王小穹、何洪峰：《疑问代词“怎么”的语义扩展过程》，《汉语学习》2013 年第 6 期。

王红斌：《现代汉语心理动词的范围和类别》，《晋东南师范专科学校学报》2002 年第 4 期。

王维贤：《现代汉语复句新解》，华东师范大学出版社 1994 年版。

王忠玲：《转折复句语义分类的新尝试》，《华中师范大学学报》（人文社科版）2001 年第 5 期。

王自强：《现代汉语虚词词典》，上海辞书出版社 1998 年版。

王远明：《也说“连”字句的语用功能》，《乐山师范学院学报》2008 年第 2 期。

王松茂等：《汉语代词例解》，北京书目文献出版社 1983 年版。

王天佑：《汉语取舍范畴研究》，博士学位论文，山东师范大学，2012 年。

文贞惠：《现代汉语否定范畴研究》，博士学位论文，复旦大学，2003 年。

武果：《副词“还”的主观性用法》，《世界汉语教学》2009 年第 3 期。

温锁林：《现代汉语语用平面研究》，北京图书馆出版社 2001 年版。

温锁林、贺桂兰：《有关焦点问题的一些理论思考》，《语文研究》2006 年第 2 期。

吴福祥：《试说“X 不比 Y · Z”的语用功能》，《中国语文》2004 年第 3 期。

吴福祥：《汉语主观性与主观化研究》，商务印书馆 2011 年版。

邢福义：《“越 X，越 Y”句式》，《中国语文》1985 年第 3 期。

邢福义：《汉语复句格式对复句语义关系的反制约》，《中国语文》1991 年第 1 期。

邢福义：《汉语复句研究》，商务印书馆 2001 年版。

徐杰、李英哲：《焦点和两个非线性语法范畴：“否定”“疑问”》，《中国语文》1993 年第 2 期。

徐杰、张林林：《疑问程度和疑问句式》，《江西师范大学学报》（哲学社会科学版）1985 年第 2 期。

徐盛桓：《疑问句的语用性嬗变》，《外语教学与研究》1998 年第 4 期。

徐盛桓：《含意与合情推理》，《外语教学与研究》2005 年第 3 期。

徐烈炯、潘海华：《焦点结构和意义的研究》，外语教学与研究出版社 2005 年版。

徐烈炯、刘丹青：《话题的结构与功能》，上海教育出版社 2007 年版。

徐烈炯：《语义学》，语文出版社 1995 年版。

徐晶凝：《汉语语气表达方式及语气系统的归纳》，《北京大学学报》（哲学社会科学版）2000 年第 3 期。

肖治野：《“怎么”反问句的研究及其教学思考》，硕士学位论文，暨南大学，2003 年。

肖治野：《“怎么 1”与“怎么 2”的句法语义差异》，《汉语学习》2009 年第 2 期。

谢白羽：《面向对外汉语教学的比较句研究》，博士学位论文，华东师范大学，2011 年。

易正中：《反预期构式“哪里是 A，而是 B”》，《云梦学刊》2013 年第 2 期。

尹洪波：《现代汉语疑问句的言语行为类型》，《江汉大学学报》（人文科学版）2007 年第 3 期。

尹洪波：《“并不”中“并”的功能》，《北华大学学报》（社会科学版）2011 年第 3 期。

叶蜚声、徐通锵：《语言学纲要》，北京大学出版社 1981 年版。

袁毓林：《论元角色的层级关系和语义特征》，《世界汉语教学》2002 年第 3 期。

袁毓林：《句子的焦点结构及其对语义解释的影响》，《当代语言学》2003 年第 4 期。

袁毓林：《论“连”字句的主观化表达功能——兼析几种相关的“反

预期”和“解—反预期”格式》，《中国语学》2006 年第 253 号。

袁毓林：《反预期、递进关系和语用尺度的类型——“甚至”和“反而”的语义功能比较》，《当代语言学》2008 年第 2 期。

袁晓红、戴卫平：《韩礼德语言功能探略》，《广西社会科学》2008 年第 4 期。

殷树林：《现代汉语话语标记研究》，中国社会科学出版社 2012 年版。

于国栋、吴亚欣：《话语标记语的顺应性解释》，《解放军外国语学院学报》2003 年第 1 期。

杨霁楚：《语气副词“偏偏”的主观语义及相关句式考察》，载《语法研究和探索》（十四），商务印书馆 2008 年版。

杨月蓉：《“但是”与“却”的相容性和相斥性》，《中国语文》2000 年第 2 期。

姚双云、张磊：《话语标记“但是”的宏观语篇连贯功能》，《长春理工大学学报》（社会科学版）2011 年第 5 期。

宗守云：《“X 比 Y 还 W”的构式意义及其与“X 比 Y 更 W”的差异》，《华文教学与研究》2011 年第 4 期。

张伯江：《疑问句功能琐议》，《中国语文》1997 年第 2 期。

张全生：《现代汉语焦点结构研究》，博士学位论文，南开大学，2009 年。

张黎：《句子语义重心分析法刍议》，《齐齐哈尔大学学报》（哲学社会科学版）1987 年第 1 期。

张云峰：《“美女也愁嫁”中“也”字的逆接》，《修辞学习》2008 年第 1 期。

张健军：《现代汉语转折范畴的认知语用研究》，博士学位论文，东北师范大学，2012 年。

张健军：《关联论视角下的转折复句反预期表达现象分析》，《世界汉语教学》2013 年第 4 期。

张二虎：《论陈述性知识与程序性知识的关系》，《太原师范学院学报》2005 年第 1 期。

张秀松：《“到底”的共时差异探索》，《世界汉语教学》2008 年第 4 期。

张亚非：《关联原则及其话语解释作用》，《现代外语》1992 年第 4 期。

张尹琼：《疑问代词的非疑问用法——以“谁”和“什么”为主要样本的探索》，博士学位论文，复旦大学，2011 年。

赵秀凤：《语言的主观性研究概览》，《外语教学》2010 年第 1 期。

周红：《副词“倒”的预期推断与语法意义》，《云南师范大学学报》（对外汉语教学与研究版）2006 年第 3 期。

周琳、邹立志：《“但是”“不过”和“只是”的程序意义》，《西北大学学报》（哲学社会科学版）2011 年第 6 期。

朱德熙：《语法答问》，商务印书馆 1985 年版。

朱德熙：《语法讲义》，商务印书馆 1982 年版。

朱铭：《关联推理中的话语标记语的语用研究》，《安徽工业大学学报》2005 年第 5 期。

郑银芳：《谈认知语言学中的原型范畴理论》，《中国成人教育》2007 年第 1 期。

中国社会科学院语言研究所词典编辑室：《现代汉语词典》（第六版），商务印书馆 2012 年版。

Andersen, G., *Pragmatic markers and sociolinguistic variation: A relevance - theoretic approach to the language of adolescents*, John Benjamins Publishing, 2001.

Beaugrande & Dressler, *Introduction to text linguistics*, London: Longman, 1981.

Benveniste, E., *Problems in General Linguistics* Trans. M. E. Meek. Coral Gablres, FL: University of Miami Press, 1971.

Blakemore, D., *Semantic constraints on relevance* (Vol. 57), Oxford: Blackwell, 1987.

Blakemore, D., "Denial and contrast: A relevance theoretic analysis of but", *Linguistics and Philosophy*, 12 (1), 15 - 37, 1989.

Blakemore, D., *Relevance and linguistic meaning: The semantics and pragmatics of discourse markers* (Vol. 99). Cambridge University Press, 2002.

Brinton, L. J., *Pragmatic markers in English: Grammaticalization and discourse functions* (Vol. 19). Berlin: Walter de Gruyter, 1996.

Brown, G & Yule, G., *Discourse Analysis*, Cambridge: Cambridge University, 1983.

Bybee, Perkins & Pagliuca, *The Evolution of Grammar: Tense, Aspect and Modality in the Languages of the World*, Chicago: The University of Chicago Press, 1994.

Chomsky, Noam, "Deep structure, surface structure, and semantic interpretation" [A]. In *Semantics* [C], ed. by Danny Steinberg and Leon Jacobovits. London: Cambridge University Press, 1971.

Collins, A., & Michalski, R., "The logic of plausible reasoning: A core theory", *Cognitive Science*, 13 (1), 1-49, 1989.

Comrie, B., *Aspect*. Cambridge: Cambridge University Press, 1976.

Cook. Guy, *Discourse and Literature*, Oxford University Press, 1994.

Dahl, *Grammaticalization and the life cycles of constructions*, Ms. Stockholm University, 2000.

Erman, B., "Pragmatic markers revisited with a focus on you know in adult and adolescent talk.", *Journal of pragmatics*, 33 (9), 1337-1359, 2001.

Finegan, E., *Subjectivity and subjectivisation: an introduction.* In Stein & Wright 1995. 1-15, 1995.

Fraser, B., "Contrastive discourse markers in English.", *Pragmatics and beyond new series*, 301-326. 1998.

Fraser, B., "What are discourse markers?", *Journal of pragmatics*, 31 (7), 931-952, 1999.

Givón, T., "Coherence in Text vs Coherence in Mind", In M. A. Gernsbacher& Givón. T (eds). *Coherence in Spontaneous Text*, John Benjamins, 1995.

Goldberg, A. E., *Constructions: A construction grammar approach to argument structure*, University of Chicago Press, 1995.

Grice, H. P., *Studies in the way of words =言辞用法研究*，北京：外语教学与研究出版社，2002.

Halliday, M. A. K., "Notes on transitivity and theme in English: Part 2", *Journal of linguistics*, 3 (02), 199-244, 1967.

Halliday, M. A. K., *Explorations in the functions of language*, London:

Edward Arnold, 1973.

Halliday, M. A. K., & Hasan, R., *Cohesion in English*, London: Longman, 1976.

Halliday, M. A. K. & Hasan, R., *Language, context, and text*, Deakin University Press, 1985.

Halliday, M. A. K. & 胡壮麟，功能语法导论，外语教学与研究出版社，2005.

Heine, B., Claudi, U. &Hünnemeyer, F., *Grammaticalization: a conceptual framework*, Chicago: University of Chicago Press, 1991.

Huang Yan, *Pragmatics*, Foreign Language Teaching and Research Press, 2009.

Horn, L., "Metalinguistic negation and pragmatic ambiguity", *Language* 61: 121 -174, 1985.

Ifantidou - Trouki, E., "Sentential adverbs and relevance", *Lingua*, 90 (1), 69 -90, 1993.

Ifantidou - Trouki, E., *Evidentials and relevance* (Ph. D. thesis), University of London, 1994.

Jackendoff, *Semantic Interpretation in Generative Grammar*, Mass: the MIT Press, 1972.

Jucker & Ziv, (eds.), *Discourse Markers. Descriptions and Theory*, Amsterdam: Benjamins, 1998.

Karttunen, L., "Presuppositions of compound sentences", *Linguistic inquiry*, 4 (2), 169 -193, 1973.

Keenan, E. L., "Two kinds of presupposition in natural language", *Studies in linguistic semantics*, 45 -54, 1971.

Kurylowicz, J., "The evolution of grammatical categories", *Esquisses linguistiques* (2): 38 -54, 1975.

Langendoen, D. T. & Savin, H., "The projection problem for presuppositions", *Studies in linguistic semantics*, 54 -60, 1971.

Lenk, U., *Discourse markers and global coherence in conversation*, JOP 30, 1998.

Levinson, *Pragmatics*, Cambridge : Cambridge University Press, 1983.

Lambrecht, K., *Information structure and sentence form: Topic, focus, and the mental representations of discourse referents*, Cambridge University Press, 1994.

Leech, G., *Semantics: The study of meaning*, Harmondsworth: Penguin Books, 1981.

Lyons, J., *Semantics* (V2),. Cambridge: Cambridge University Press, 1977.

Palmer, F. R., *Mood and modality*, Cambridge University Press, 1986.

Reinhart, T., "Conditions for text coherence" in *Poetics Today* 1 (4): 161 - 180, 1980.

Rescher, N., *Plausible reasoning: An introduction to the theory and practice of plausibilistic inference*. Assen/Amsterdam: Van Gorcum, 1976.

Rouchota, V., "Procedural meaning and parenthetical discourse markers", In *Discourse Markers*, edited by A. Jucker & Y Ziv. John Benjamins, 1998.

Redeker, G., "Linguistic markers of discourse structure", *Linguistics*, 29 (6), 1991.

Östman, J. O., "*You Know*": *A discourse - functional study*, John Benjamins Publishing, 1981.

Quirk, R. et al., *A comprehensive grammar of the English language*, London: Longman, 1985.

Saeed, *Semantics*, Beijing: Foreign Language Teaching and Research Press, 2000.

Sanders, T. J. &Noordman, L. G., "Toward a taxonomy of coherence relations". *Discourse processes*, 15 (1), 1 - 35, 1992.

Smet, H. D & Verstraete, "Coming to terms with subjectivity", *Cognitive Linguistics*, 17 (3), 365 - 392, 2006.

Schiffrin, D., "Everyday argument: The organization of diversity in talk", *Handbook of discourse analysis*, (3), 35 - 46, 1985.

Schiffrin, D., *Discourse Markers*, Cambridge: Cambridge University Press, 1987.

Schwenter, S. A., *The pragmatics of conditional marking: Implicature, scalarity, and exclusivity*, Routledge, 1999.

Sweetser, Eve, *From Etymology to Pragmatics: Metaphorical and Cultural aspects of Semantic Structure* [M]. Cambridge: CUP, 1990.

Traugott, E. C., "On the rise of epistemic meanings in English: an example of subjectification in semantic change", *Language* 65: 31 -55, 1989.

Traugott & König, "The semantics - pragmatics of grammaticalization revisited", in Traugott and Heine (eds), *Approaches to Grammaticalization*, Amsterdam/Philadelphia: John Benjamins Publishing Company, 1991.

Traugott, E. C., *Subjectification in grammaticalization* [A]. In Stein & Wright 1995, 31 -54, 1995.

Traugott, E. C., "The rhetoric of counter - expectation in semantic change: a study in subjectification", *Historical semantics and cognition*, 177 - 196, 1999.

Traugott, E. C. & Dasher, R., *Regularity in Semantic Change*, Cambridge: Cambridge University Press, 2002.

Watts, R. J., "Taking the pitcher to the 'well': Native speakers' perception of their use of discourse markers in conversation", *Journal of Pragmatics*, 13 (2), 203 -237, 1989.

Widdowson, H. G., *Explorations in Applied Linguistics*, Oxford University Press, 1979.

Wischer, I., "Grammaticalization versus lexicalization: Me thinks there is some confusion", In Fischer, Olga, Anette Rosenbach, and Dieter Stein, eds., *Pathways of Change: Grammaticalization in English*, Amsterdam /Philadelphia: John Benjamins. pp. 355 -370, 2000.

Xu, L., "Manifestation of informational focus", *Lingua*, 114 (3), 277 -299, 2004.

Yeh, Meng, "On hai in Mandarin", *Journal of Chinese Linguistics*26. 2, 237 -280, 1998.

Zipf, G. K., *Human Behavior and the Principle of Least Effort: An Introduction to Human Ecology*, Cambridge, Mass: Addison - Wesley Press, INC, 1949.

Zwicky, A. M., "Clitics and Particles", *Language* 61. 2, 283 - 305, 1985.

后　　记

本书是在我的博士论文《现代汉语反预期标记研究》的基础上修改、增补而成的。对汉语反预期标记的关注和研究始于2013年，彼时正纠结于博士毕业论文选题的我无意中看到了吴福祥先生2004年发表于《中国语文》的一篇文章——《试说“X不比Y·Z”的语用功能》，文中提出“X不比Y·Z”是一种反预期结构式，具有表达反预期话语信息的功能，还详细介绍了Heine、Dahl等国外学者关于反预期信息和反预期标记的理论，我眼前一亮：就是它了！

当时学界对汉语反预期标记已经有了一些研究，但大多是论证某个词、短语或结构式具有反预期表达功能，还没有从总体上将反预期标记作为一类开展研究。当我把自己的想法告诉导师李晓琪教授时，李老师非常支持和鼓励我做这个题目。得益于之前在语言主观性方面的研究，写起来还比较顺利，即便如此也花了整整两年时间完成博士论文的写作。2015年毕业后，有幸得到浙江省哲学社会科学后期资助项目和华中师范大学丹桂计划项目的资助，在毕业论文的基础上又花了近两年时间反复打磨修改，直到收到中国社会科学出版社宫京蕾女士的信息“书稿质检通过”时，才稍稍松了一口气。

这本小书是我的第一本著作，在此出版之际，我心中满怀感激：

感谢我的博士导师李晓琪教授，李老师给我充分的研究自由，鼓励我多思考、多读书。当文章写作遇到困难时，她又以她渊博的学识和广阔的视野一针见血地指出问题所在。李老师不仅是学业上的良师，更是生活中的智者，无论在我结婚还是找工作的重要关口，她丰富的人生阅历都为我提供了不少宝贵的建议，帮我指明前进的方向。

同时也要感谢我的硕士导师冯学锋教授，是冯老师把我从一个文学爱好者成功转变为语言学研究者，使我领略到语言学的魅力。即使毕业多年，冯老师依然时时关心、督促我。

我要特别感谢我的父母和家人，感谢父母的养育之恩和无私付出，感谢岳母的鼎力相助，为我解决了许多后顾之忧，使我能够安心研究和学习。感谢我的妻子曾君，从恋人到家人，感谢她一直以来的坚持、理解和陪伴。最后要感谢我的两个孩子，尽管没有他们这本书或许出版得更早，但我从来没有后悔他们的到来。此外，出版社宫京蕾编辑细心而高效的工作使这本书最终能够面世，在此一并致谢。

“路漫漫其修远兮”，这本书的出版远不是结束，而是一个新的开始。“学然后知不足，教然后知困”，无论是研究还是教学我都将继续求索。

陆方喆

2017 年 6 月